大唐西市丝绸之路与唐文化研究丛书

重走唐蕃古道
——接文成公主回娘家

胡戟　齐茂椿　著

陕西师范大学出版社

大唐西市丝绸之路与唐文化研究丛书学术委员会

主任：吕建中
顾问：宁　可　　张文彬
委员：(以姓氏笔划为序)
　　　马世长　　王建新　　王　彬　　王维坤
　　　气贺泽保规　毛汉光　　卢华语　　安家瑶
　　　牟发松　　齐东方　　李中航　　李斌城
　　　吴宗国　　何永成　　冻国栋　　宋大川
　　　宋德熹　　张建林　　妹尾达彦　武建国
　　　胡　戟　　荣新江　　郭　媛　　柴剑虹
　　　黄正建　　阎守诚　　葛承雍　　韩　森
主编：胡　戟
秘书：罗小红　　胡明曌　　龚　静

挥毫走墨起大风

大唐西市丝绸之路与唐文化研究丛书缘起

古人壮威的声浪里,呼啸的是什么?艺术家们研究后说,喊的是"大风"。继而《英雄》等影视作品里的千军万马阵势中,响起了排山倒海的"大风"之声。虽于史无考,却戏里戏外演绎得轰轰烈烈,历史真是个宝藏。

一群历史的考究者,埋头古籍文献,探索古迹遗址,总想在历史的表象背后揭示些许原真性的东西。当他们把心血和真相奉献给世人的时候,常常发现和者甚寡,润笔不丰。文化竟然是苦旅。

当盛世的光环再度荣耀中国的时候,有些人开始琢磨历史文化和现实生活的契合点,在探索中做起了文化产业,其中有一个心存高远却又踏踏实实地做事也做成事的人——吕建中。他的办公室里摆着一个老旧的小炕桌,那是他小时候吃饭、写作业和剁猪草的家什。他的库房里堆积着大量的名贵古玩,那是他最常眷顾的地方。前者因不忘本而被人称誉,后者因珍奇罕见而令人赞叹。他作为从商二十余载的地产大家,日益关注起文化产业。他认为,在这个追求和谐发展的年代,文化已经深深浸入人们的生活,精神享受日益成为生活水准的标志。而文化产业正是支撑人们日益丰富的精神文化生活的朝阳产业。"我们要打造一个能世代流传下去的文化产业精品"。为此,他行动起来,也更文化起来了。

2001年,他取得了大唐西市项目的开发权。"唐长安有两大市场,东市和西市,中国俗语中的买东西即由此而来。"从此,那个盛大辉煌的朝代和举世无双的西市就进入了他的脑海并逐渐"溢于言表"。他邀请国内外知名唐史专家,文物考古专家、建筑设计专家、规划策划专家组成顾问团队,致力于打造一个续写盛唐历史荣耀,传承丝路文化风采的国际商贸文化产业城区——大唐西市。

目前在建的大唐西市项目是陕西省和西安市的十一五重点建设项目,是西安唐皇城复兴计划的重要组成部分,是西安乃至全国唯一在原址上重建的大型商业旅游文化产业项目,是唯一全面反映盛唐九宫格局商业文化的项目,是唯一可以用隋唐丝路起点命名的项目。正是这些独一无二的资源,使大唐西市拥有了传承文化、续写历史、再造辉煌的雄伟气魄,将为世人建造一座体验盛唐历史和丝路文化的殿堂。

在大唐西市项目的开发过程中,学术文化作为软资源具有十分重要的地位。为此,大唐西市文化传播公司和基金会经过缜密的策划和论证,决定赞助出版"大唐西市丝绸之路与唐文化研究丛书"。这套丛书既是集历史大家心血的学术专著,又是生动详实的历史文化读本,既有西市藏石、西市藏金、西市藏宝三个系列著作,也有丝路鉴宝、丝路拾遗、丝路览胜图书,有较强的资料性、学术性和可读性。如果说历史文化是个宝藏,那么盛唐文化、丝路文化更是个富矿,只要我们轻轻拂去历史的尘埃,那些市井的、商业的、异域的起承转合就会呈现在人们面前。

作为全国政协委员的吕建中,曾在全国政协会议上提出议案,鼓励民营企业创建博物馆。他自己说到做到:目前全国唯一具有遗址保护功能的,可能也是规模最大,投资最多的民营博物馆,正在大唐西市中兴建。

作为大唐西市文化传播基金会主席的吕建中,曾经和唐史专家胡戟、葛承雍等长谈西市项目。他说:"我们正在传承文化,续写历史。这是一个值得关注、支持和投入的事业。"总投资35亿元人民币的大唐西市正在轰轰烈烈的建设中,大唐西市市井文化、商业文化和丝路文化的研究也在逐步展开,系列丛书将展示其成果,源源不断出版。

一千三百年前,唐长安西市被誉为"金市",闻名遐尔的隋唐丝绸之路从这里起始,它佐证着大唐的繁荣和鼎盛。

一千三百年后,吕建中率领着他的团队,在西市的原址上重新研读着那段辉煌的历史,以神圣的使命感和事业心,全力打造着城市文化复兴的亮点和能够直接推动经济增长的商旅文化产业项目——大唐西市。这是一个规模庞大、业态复杂的系统工程,是一个投资巨大、回报期长而功在千秋的文化事业。吕建中说,倾其所有,无怨无悔,要对得起脚下的这片圣土。

历史铸造世界,文化提升生活。在中国经济已经腾飞的今天,以历史为内涵的文化产业暖风乍起。她能聚集千军万马之阵,喊出排山倒海的"大风"之声吗?我们满怀信心地期待着⋯⋯

"大风起兮云飞扬"!

汉藏佛教文化史册中的一件盛事

——为《重走唐蕃古道》一书序

仁钦扎木苏上师

一

我从小就生活在内蒙古大草原上,年仅七岁入寺,后从佛学院毕业。2001年11月份,广仁寺为了传承藏传佛教格鲁派的传统和学风,保持寺院的持续发展,从内蒙古地区邀请了以我为代表的数位喇嘛正式进驻广仁寺。在各级政府的大力支持,各界人士的共同帮助,广仁寺在关符清达喇嘛、杨宗仁喇嘛、龚森建达喇嘛的历史传承建树下,我们又经过多年的努力,现广仁寺的局部已恢复了历史原貌,彩绘一新,人文自然和谐优美,文物珍藏丰富,已经具备了对外开放的条件和游客所要享受到的文化氛围。就在发展广仁寺佛教文化进程中,将入蕃后未能回长安的文成公主请回长安,佛祖十二岁等身佛再现长安的宏愿提到日程上了。我是该寺院上师,我把这当作光荣而神圣的使命来完成,今日不完成更待何时?我在佛祖像前,发誓要完成此大事……

我们不能淡忘历史,正如列宁所说:"忘记了过去,就意味着背叛。"根据《旧唐书》记载,唐贞观十五年(公元641年)建都长安的唐太宗将文成公主远嫁吐蕃王松赞干布,以增进唐蕃和谐、共修边境之好。文成公主所率入蕃队伍集各行各业能工巧匠、文人、医士,并携有耕作、建筑、木工、纺织、机械、医学、历算、营造、工艺、佛教圣卷等论著,促进了吐蕃社会的进步和稳定,增进了汉藏民族的团结和谐。临行之前,文成公主特向唐太宗请得印度国王送给唐王朝供奉于长安开元寺的国宝释迦牟尼佛十二岁等身像一同入蕃,由于路途遥远不便运送,该佛像乘坐的莲花宝座未能带走(现供奉于西安广仁寺内)。文成公主入蕃后,这尊释迦牟尼佛十二岁等身像遂被安置在今西藏拉萨大昭寺,成为大昭寺主供佛像,唐佛教文化自此传入西藏。

与松赞干布相处十年间,松赞干布曾允诺文成公主回长安一解乡愁,因战乱而未能成行。松赞干布逝世后,唐高宗曾降旨让文成公主回长安安享晚年,但她考虑到唐蕃之间的和谐相处,加之依恋吐蕃人民,且不愿离开松赞干布墓。文成公主一生未能遂愿回到长安。经过1365年,文成公主的专情及高风亮节仍受到藏族人民的爱戴及传颂,并被视为绿度母的化身,是中国历史上唯一入寺受后人供拜的女性。

　　清康熙四十四年(公元1705年)敕建广仁寺,之后唐代莲花宝座移入寺中供奉至今。广仁寺是陕西唯一的藏传佛教寺院,是衣钵传承藏传佛教的弘教圣地和汉、藏、蒙、满民族共同信仰的凝结,更是藏传佛教在陕西的发源地和民族团结的通途桥梁与和谐的象征。因此在政治上有着非常重要的意义。历史上广仁寺与蒙藏地区佛教交往频繁,众多著名佛教高僧、名士曾多次入寺朝拜,成为汉、藏、蒙、满民族宗教信仰的回向香城。多年来广仁寺一直致力于创建宗教文明场所,促进民族和睦往来。迎请释迦牟尼佛十二岁等身像及文成公主像入主广仁寺一直是我们的一桩弘愿。

　　佛法讲:心诚则灵! 佛事结因缘,普照天下人。成长于台湾的旅美华人齐茂椿先生,曾多次专程前去西藏大昭寺参拜这尊释迦牟尼佛十二岁等身像,了解西藏的变迁。在激动之余,更加感慨文成公主忧国忧民的高尚情怀,遂心中起念欲雕刻复制这尊佛像和文成公主像,并由大昭寺出发,沿"唐蕃古道"返回长安,再现历史人物的现实意义,让更多的海外华人、国际友人了解1365年前中国的这段流光溢彩的辉煌历史。相信这一举动将加强海外华人的向心力,对祖国统一这一时代主题影响深远……说来真是奇巧成大事,这个想法与我的多年宏愿不谋而合啊!

　　当年文成公主由"唐蕃古道"入藏,今天释迦牟尼佛十二岁等身像和文成公主像再经"唐蕃古道"回到长安,必然是不朽的历史趋归,具有丰富的历史文化内涵,是佛教界一次十分重要的佛事文化活动。此次活动我多次与西藏有关人员联系沟通,得到同意后并且是在对方大力支持的基础上实施的。

　　千年等一回,意义不寻常。此次迎回释迦牟尼佛十二岁等身像和文成公主像,必将成为古城的著名人文旅游景观。两尊佛像我们于2006年9月底全部复制完成,"梦怀长安古城,重走唐蕃古道"活动也正式启动。2006年10月15日在西藏拉萨大昭寺大雄宝殿举行隆重的藏传佛教开光大典,同时特别邀请了德高望

在大昭寺开光时,为佛祖等身像整理法衣

重的活佛、上师、108位喇嘛及各界人士以及众多新闻媒体参加。在10月16号正式起程，沿"唐蕃古道"，一路风尘，一路艰险，经由拉萨、那曲、玉树、西宁、临洮、天水、凤翔、扶风、咸阳，终在10月27日到达西安广仁寺。我们始终难忘途中经过的玉树县，那里建有文成公主庙；黄河源头的青海玛多县的柏海，那里留有文成公主与松赞干布成亲的印记；青海湟中县的不再回顾东方的日月山，那里是当年文成公主弃镜凄别的地方；青海西宁黄教宗喀巴大师建立的塔尔寺，让人在庄严肃穆中体味密宗的意境；甘肃永靖县的炳灵寺，那有文成公主雕塑的8丈佛像；珍藏佛祖"佛指舍利"的扶风法门寺，当年文成公主入蕃时，该寺庙还做过三天三夜的道场……我们更不能忘记2006年10月29日这天，古城西安秋雨纷飞，把重阳佳节倍思亲的意境活灵活现的衬托出来。当日上午，48辆大小汽车，载有300多人专程前去佛教圣地法门寺，迎接文成公主回娘家。法门寺近百名僧人和当地群众举行了隆重的迎接仪式。到了下午3点钟，西安南门广场人山人海，锣鼓喧天，号角长鸣，在夹道欢迎的人流中以及省、市、领导、佛教界代表、群众数千人，用最隆重的中国第一入城仪式来欢迎"文成公主"载誉归来……随后而来的是广仁寺千佛殿开光，向游客免费开放一个月，日接待游客达到3000多人次…… 完成了广仁寺的弘愿，展现了华侨爱国爱教之心。通过宣传文成公主以国家民族利益为己任的主题思想，昭示宗教信仰民众的爱国思想，促进多民族团结和谐，在古长安再现大唐历史，为古城西安的旅游经济增辉，也是佛教界的一大盛事！

二

藏族人民崇佛，普遍诚笃。若论宗教对社会历史、政治、经济、文化及至民风民俗影响之深刻，非西藏莫属。藏域所崇佛教，被称为"藏传佛教"，俗称"喇嘛教"。究其本源，当属佛教中的大乘佛教，与汉地所传为一路。但它又有浓厚的地方色彩，明显地有异于它的发源地印度以及其他地方所传的佛教。其中最具有特点的是对地方政治、经济的参与而形成的众多教派以及活佛转世制度，显密兼修，尤重密宗的修持等，可以说既有外来的特点，又深受本地古老本教的影响。

藏族对于宗教的信仰，如同所有古老的民族一样，可追溯至远古。其盛行的是原始宗教——本教，即崇拜自然神。佛教传入西藏，有个长期而又复杂的过程。传说比松赞干布早五代的赞普拉脱脱日年赞时，有宝箧从天而降，内盛佛像、佛经、宝塔等物。如果可信，可以说在公元五世纪，佛教已开始渗入西藏。到了公元七世纪，松赞干布建立了统一的吐蕃政权，佛教作为一种势力传入西藏。文成公主和尼泊尔墀尊公主各自带来了佛像，在拉萨建成大、小昭寺以供奉。当时松赞干布既要统一吐蕃王朝，又要摆脱本教的牵制，急需另一个神教的支持，以示赞普的至高无上，而释迦牟尼即作为佛教世界中的唯一主宰，统治所有的神民，正合他的要求。赞普的兴趣所至，使得佛殿得以建立，僧人得以有限的活动。以上就是我要说的文成公主与西藏地区佛教的发生与

在大昭寺开光时,为文成公主塑像献上哈达

发展的有关联系。

松赞干布在位时期,正是我国唐朝太平盛世的贞观年间。内地高度发达的政治、经济、文化现象,引起了吐蕃王朝的极大注意。松赞干布采取了一系列措施,积极加强与唐朝的密切联系,大力吸取中原地区先进的汉族文化。公元641年,松赞干布迎娶了唐太宗李世民的宗室之女——文成公主,奠定了吐蕃和唐朝的200多年频繁友好往来的甥舅亲谊。649年,唐朝授予松赞干布驸马都尉和西海郡王名号,而松赞干布上书唐朝表示效忠。此外,松赞干布又向唐朝请蚕种及造酒、碾硙、纸墨工匠,遣贵族子弟入唐朝学习诗书,聘汉族文人代典表疏。唐蕃之间亲密的政治往来和广泛的文化经济交流,为吐蕃社会的发展创造了极其有利的条件,对加强汉藏两族人民的友好团结,产生了深远的积极影响。所有这些,照今天的话说:"军功章"也有文成公主的一半啊!

在青藏一带,文成公主的美德和影响可以说达到了家喻户晓、人人皆知,尽情传颂的程度。我们现在还可以从传为唐朝画家阎立本绘制的《文成公主降番图》中看出,当时的唐太宗是怎样将公主嫁给西藏王的生动情景,让人世代传颂。据说雄伟壮观的布达拉宫,是松赞干布为迎娶了文成公主而修建的。宫殿中的曲吉竹普,又称法王洞,建筑在布达拉宫山顶,左右两侧配有两座小白塔,传说松赞干布曾在这里头居住过。殿堂面积不大,内部有松赞干布、文成公主、墀尊公主和禄东赞、吞米·桑布扎等彩塑,形象颇为生动。相传为吐蕃时期的作品。至于始建于公元647年的大昭寺,是在松赞干布迎娶尼泊尔墀尊公主和唐朝文成公主之后所建之寺。大昭寺初名"惹刹"。传说,在建寺之前,聪慧的文成公主运用阴阳、五行等方法,推出了整个西藏地形,并在此基础上选定了大昭寺的地址。文成公主说,西藏形似一仰卧的魔女,而拉萨的卧塘湖恰为魔女的心脏,因而只能填湖建寺才能消除灾魔。于是,松赞干布下令填湖造庙。如今大昭寺已成为海内外游客进藏必游之寺庙，否则就不算到过拉萨。而小昭寺与大昭寺是大致同期修建的，全系文成公主自中原召来木工及雕塑匠修建。小昭寺早期建筑系仿汉唐格式，崇楼峻阁，金碧辉煌，雄浑精美，极为壮观。该寺院建筑物面朝东方，据说是文成公主悲思汉唐之故。如今，走进寺庙，里面仍供奉着释迦牟尼、墨珠尔济、弥勒佛像。关于释迦牟尼像，即觉卧佛像，佛陀12岁时之身量像，为西藏最为珍贵的历史文物，系唐朝文成公主由长安携带入西藏的。公元641年（唐贞观十五年），唐文成公主远嫁吐蕃，这们缔结汉藏人民团结和睦的友好使者在离开长安时，向唐太宗"请以释迦本尊与宝仓库之奁嫁"。"唐皇许之，造舆置觉卧释迦其上，使汉力士贾拉伽与鲁伽二人挽之"。当公主一行至拉萨北门惹木切原之时，车陷沙中，力士几经努力未能挽出，"乃即在觉卧像之四方，建立四柱，悬白帆帐而供养之"。后来公主再建小昭寺以供释尊。到了公元651年，松赞干布之孙13岁的芒松芒赞即位，听说唐朝要派重兵进藏，遂于公元652年将释迦牟尼像移至大昭寺，隐藏在明签南门内，并封堵门，画上妙音菩萨以作伪装。佛像藏于暗室60年，至公元712年金成公主来到西藏后，才把这尊佛像迎至主殿供奉。释迦觉卧佛像移至大昭寺后，尼泊尔墀尊公主携带的进藏的另一尊释迦牟尼像搬至小昭寺内供养。这段曲折的故事，勾画出了公元7世纪下半叶的一段拉萨社会风貌。

三

陕西历史源远流长，民族文化闻名遐尔。"秦中自古帝王州。"从公元前十一世纪起，西周、秦、西汉、新莽、西晋、前赵、前秦、后秦、大夏、西魏、北周、隋、唐等14个王朝，定都陕西，总计达近1200年，为中国六大古都之首。特别是在中国古代社会最辉煌的大唐时代，首都长安就是开放性的世界大都会，当时同唐朝有着友好往来的国家就达70多个。"万国衣冠拜冕旒"，并非艺术的夸张。唐朝长安城里，亚非国家的使节、商贾、学者、艺术家、僧侣人数众多，唐王朝的文臣武将中也有不少的是高鼻虬髯的胡人，所以各类门派的文化积淀特别深厚。而密藏宗风广仁寺就是清圣祖康熙帝于公元1703年巡视西陲，在加强民族团结，巩固多民族国家政权统一的思想指导下，御批在西北重镇——西安创建的唯一的藏传佛寺，是作为西藏、青海、内蒙、甘肃等地的活佛喇嘛上层人士及僧侣进京之行宫、挂单处。寺院是于1705年建成的，现还存有康熙帝亲书的《御制广仁寺碑》。据史料记载：广仁寺和青、藏、蒙、甘省黄教寺院塔尔寺、哲蚌寺、色拉寺、甘丹寺、大昭寺、拉卜楞寺和北京的雍和宫联系密切。历世班禅在寺中坐床、摸顶，喜铙嘉措活佛曾三次来寺讲经。香火旺盛时常住喇嘛上百人。原寺前有湖（寺址原为西湖园），南部有云居寺，东南部有万寿宫，西北两面邻古城垣，寺中安静肃穆，是参禅颂经，修身养性的理想宝地。该寺并拥有下院胜严寺（西晋创建的敦煌寺），院内有西晋敦煌塔一座，塔高七层，好让人思古联想。这里每年都要举办"绿度母圣会"、"宗喀巴古灯会"等重大佛事活动,一时人流如潮,香火不断。

三百年来,风雨沧桑,广仁寺里也珍藏有康熙帝、乾隆帝亲赐寺院唐朝开元鎏金卓玛佛像、汉白玉莲花缸;唐文成公主进藏带去的释迦牟尼佛祖像,当时由于某种不便吧,承坐的底座未能带走,至今在寺院,成为汉藏民族友好和睦的象征;还有那慈禧太后西行时赏给的楠木龙床、龙灯一对(班禅临寺曾坐此床);特别是位于寺中二殿前一只汉白玉莲花缸,高 1 米,直径 1.4 米,座高 0.39 米,直径 1.32 米,内刻有铭文。体积如此之大的汉白玉缸,确为佛教寺院中的艺术珍宝。在此,我国佛教界上层人士章嘉活佛、九世、十世班禅、十世达赖以及历史上名人康有为、梁启超、程潜等人士分别为寺院题匾留念。

广仁寺也是多灾多难的,历经了兴盛与衰落,劫难与恢复的全过程。清同治年间"华门之变"、丙寅年(1926 年)军阀刘镇华围城、辛未年(1931 年)广仁寺附近的军火库大爆炸事件,使寺院雪上加霜,无辜受难,寺院部分殿堂土木崩溃,一下失去了往日的灵光。

改革开放的政策也促进了我国宗教事业的大发展,广仁寺也不例外。这次我们举办的"梦怀长安古城,重走唐蕃古道,喜迎文成公主回娘家暨佛祖十二岁等身佛像重现古长安"的大型佛教文化活动,就是典型事例。近年来,西安广仁寺在社会各界的大力支持下,寺院的面貌焕然一新,为陕西对外文化交流和旅游事业的发展锦上添花。如何将文物资源转化为经济资源,将文化现象在促进构建和谐社会的发展中起到先进性的作用,这也是一个寺院住持人经常需要思索的问题。今年来,随着西藏铁路线的开通,成千上万的游人涌向雪域高原,观光采风,看到和感受最深的莫过于藏传佛教。就个人的宗教信仰来说,藏传佛教已开始东进,加强与内地的佛事的交流,相互影响,相互促进,共同繁荣,是件可喜的佛事圣缘。在此方面,西安广仁寺照样还是青藏、内蒙一带佛教徒向往的朝圣殿堂……正如乾隆皇帝为了表示尊崇西藏佛教,结好西藏政教领袖,仿照西藏布达拉宫,在承德兴建了普陀宗乘之庙。这就说明了一个核心问题,我们信仰宗教,目的就是为了人类的和平与安宁。

唐太宗李世民曾云:"人以铜为镜,可以整衣冠;以古为镜,可以见兴替;以人为镜,可以知得失。"我换句话说,现在我们编著的《重走唐蕃古道》这部书,就是我们研究文成公主与西藏人民和唐蕃古道的难得史料。爱国重教,弘扬佛法,安定八方,利乐有情。我相信广仁寺在今后佛事活动中,一定能够认真贯彻执行民族宗教政策,切实带好头,为维护社会稳定等方面做出新贡献。

我是公主的侍卫

——齐茂椿先生序

> 小时候,乡愁是一枚小小的邮票,我在这头,母亲在那头。
> 长大后,乡愁是一张窄窄的船票,我在这头,新娘在那头。
> ……

时常吟诵余光中先生的这首《乡愁》,它深刻地表达了许多游子真实的心声。

多年来,旅居国外的我一直梦寐着有朝一日能够回中国,回到家乡。这个梦做了多少年?岁月和马轭上的铃铛纠缠了多少风雨?而我又和自己的思想以及周围的一切做了多少坚强的斗争?终究,我知道自己心的归宿必定是在中国,我一定要回到自己祖先的故土之上。

8年前,我毅然结束了在台湾和美国的事业,决心回到我的家乡——山东发展时,朋友们的反对之声远远高于赞成之声,而我依然带着家人义无反顾地回到了青岛,开始了我在中国创业的第一步。幸运的是我们回归的时候正逢中国经济高速发展的蓬勃期,很快我们就在广东、上海、北京、四川、辽宁等地顺利地成立了分公司。我也天天忙着国内、国外到处奔跑,心中都是生意的念头。而每当生意闲暇的时候,我就会省视自己,这样为生意整日奔波着高兴吗?尽管自己在国内的事业很顺利,并一天天壮大。但是,我一点也不快乐,因为,我的灵魂中已经没有了真正的自己。

2000年,一颗可以冲破头颅的种子在我的脑海不停萌动着生机,一种强烈的想要得到精神自由的愿望游历在我的心际。记得初中时读过一本书,内容是有关抗战时期知识青年的抗日之心,也描写了云南的西双版纳少数民族的人文风情。无论是青年军人振奋人心的豪情斗志还是云南的风土人情,都深深地吸引着我,我甚至还梦想着有一天自己能够娶一位部落的公主,那样就可以永远地留在西双版纳。正是这本书唤醒了我多年对生活所追求的感觉,带着我的心飞到了令人向往的西双版纳。从此,生意不再是我生命的第一了,我的足迹留在了广袤的西部,我的心放松在清新的大自然里。

6年来,我曾驾车从西安沿"古丝绸之路"直到乌鲁木齐,横穿过新疆塔克拉玛干沙漠;驰骋在内蒙古的草原上;云南、贵州、广西、青海的少数民族地区风景人文也都一一印入我的心底。更有四次踏上圣地西藏,足迹所至远及阿里、普兰、珠峰,转过神山冈仁波齐峰和圣湖纳木错,滇藏、青藏线永久地与我的生命线一同延伸。从此,西藏已成为我心中最神圣、最纯真的一块土地,尤其是藏族同胞对宗教的那份执着和真诚,深深地感动了我。这里的宗教、历史、人文、地理,以及这里所有的一切,开始更深层次地走入我的生活。特别是拉萨大昭寺内的主供佛"释迦牟尼十二岁等身像"和带这尊佛像进藏的唐代文成公主。有一种神圣的力量驱使我一次次来到西藏,仅仅只是为了到大昭寺参拜这两尊像。是这两尊像,以及它们背后的故事引导着我开始研读这段历史,愈是深入了解,也愈敬佩文成公主的伟大。我,一个生活在1365年后的八尺男儿,不禁折服于这个只有16岁就入藏的公主。她一生"大义",为了减少战乱,为了民族团结,为了改善吐蕃人民的生活,为了佛教的传播,阔别了家乡和亲人,走上了高原,来到了拉萨,在这雪域高原上度过了自己的一生。

多少次,她微笑在我的梦里,多少次她忧伤地伫立在我的记忆里,我与她一起微笑、一起流泪,我能为她做些什么?

2005年10月28日,是个无法从我生命里抹去的日子。这一天,人虽在美国芝加哥,心却时刻停留在中国,那种与文成公主一样的思乡之情强烈地侵袭着我,多想立刻回到中国,立即去为远嫁吐蕃的文成公主做些什么。嫁给松赞干布后,文成公主就再也没有回过长安,即便在松赞干布英年早逝后,即便是在与她同来西藏的随从们陆续地返回长安,即便唐高宗下旨让她回长安安享晚年,她还是选择了留在西藏,依然孤独地守在松赞干布坟茔的土地上,为吐蕃人民的幸福生活做着自己的努力。而她思乡的愁却时刻浸漫着我不安的心。我要拭去公主思乡的泪水,我要让她的脸上绽放微笑。一个毅然的决定诞生在我的脑海里,"带文成公主和她心中牵挂的释迦牟尼十二岁等身佛像一起回长安"!

我太太万乃瑜十分赞成我的想法,她说,只要我快乐,她会支持我去做我想做的事情。在她的支持下,我马上着手策划自己心中的计划。此后的每时每刻,我心中装的所有都会和文成公主重回故乡的计划相关,我的日程表上,写满了自己的思索和行动:
……

2005年11月17日,第一次为了这个计划踏上去西安的火车;

2005年11月18日早8点,在李银玲的帮助下到陕西师范大学新校区拜访研究唐朝历史的胡戟教授,未得谋面。中午11点,在陕西师范大学老校区教授家中见到教授,和他谈了自己的想法。教授很高兴听到这个计划,表示会帮助我完成这一CASE,并复制了1986年出版的《汉唐古道》给我,提供了文成公主进藏的路线;

2005年12月7日,在拉萨,凌晨3点就起来草拟了《完成文成公主回长安的心愿》的计划书。下午两点,将此计划呈给大昭寺的尼玛次仁师傅。他很赞赏我的计划,并告诉我当年文成公主进藏时所带的释迦牟尼十二岁等身佛像的莲花底座还珍藏在西安唯一的一家藏传佛教寺庙——广仁寺里,并介绍我去见广仁寺的仁钦扎木苏上师;

12月12日，在北京拜见了雍和宫的加木扬·吐布丹主持，并在释迦牟尼平民佛面前发愿一定要完成此愿；

12月13日，和朋友王国盛讨论此事，计划再去西安联系相关部门，进一步商磋；

12月25日一早到西安，去了法门寺，许愿要完成心愿；

12月26日在广仁寺见到了释迦牟尼十二岁等身佛像的原莲花底座；

2006年1月16日，一早从北京西到西安，8点半在广仁寺见到了乌日根师傅、白音仓师傅，了解到他们几年前就有雕刻一尊释迦牟尼十二岁等身佛像的愿望。我们都认为：因缘已到，时机成熟；

1月17日，我与乌日根、白音仓师傅商量了关于佛像雕刻的相关分工事宜，由我来主要负责紫檀木的购置。自此之后，我一直马不停蹄地多次往返在上海、深圳等地，以寻找适合雕刻的紫檀木，直至2月16日，将所需木料全部切割好，发送往西安广仁寺；

3月28日，在北京，第一次正式见到了广仁寺的仁钦扎木苏上师，并商定6月与雕刻师傅陈伟阳一起去西藏，具体商量佛像雕刻的尺寸等事宜；

6月5日抵藏，之后连续几日分别会见了尼玛次仁师傅、旦增仁波切师傅，得到了他们的大力支持，并有了更详尽的"重走唐蕃古道"的计划；

……

从2005年10月28日开始后整整一年的巨细记忆我都珍藏着，先后8次到西安，4次去西藏，得到了西安广仁寺仁钦扎木苏上师、白音仓师傅、乌日根师傅等人的全力配合，也得到西藏大昭寺管委会副主任尼玛次仁、北京雍和宫加木扬·吐布丹主持、哲蚌寺旦增仁波切师傅的祝福与帮助，我们得以顺利地用紫檀木雕刻了一尊尺寸、外型、神态完全和大昭寺所供奉的释迦牟尼十二岁等身像一样的佛像，用樱桃木雕刻了"文成公主"像。成像被运往拉萨大昭寺内装藏，并供奉在原释迦牟尼十二岁等身像的正对面七天七夜。

2006年10月15日，大昭寺迎来了难得的盛大法会，这法会正是为这尊新雕刻的释迦牟尼十二岁等身佛像和文成公主像所举行的盛大开光典礼。著名的阿钦仁波切和旦增仁波切师傅都全程参加了历时8小时之久的开光典礼，大昭寺的主持和所有的高僧都在法会上诵经。旦增仁波切还高度评价我们迎请释迦牟尼十二岁等身佛像和文成公主回长安的护法活动，坦言这次活动必将积极地促进西安的繁荣与昌盛。10月16日，释迦牟尼十二岁等身佛像和文成公主像在大批从西安和全国各地专程赶来的迎请团员们的簇拥护送下，踏上了公主当年进藏时所走的"唐蕃古道"，踏上了这段绵延了千载汉藏情谊的回乡路。

昔日的唐蕃古道，今朝已经成为通车的进藏路线。迎请团一行由拉萨经那曲、东转索县、丁青、类乌齐、北上囊谦、玉树、玛多、倒淌河、日月山、东转西宁、民和、古鄯、永靖、临夏、广河、临洮、渭源、陇西、武山、甘谷、天水、北上清水、张家川、东转固关、陇县、千阳、凤翔、岐山、扶风、武功、兴平、咸阳，历时12天跋涉后抵达西安，一路走过3500多公里。

在这3500公里的路上，我随时都守护在文成公主的身边，寸步不离地为她念佛，与她一起看风景，同行的团员们把我称为"文成公主的侍卫"，而我的意念以及实际的行动也的确把自己当成了文成公主的侍卫，忠诚地护卫着她顺利地回到长安！这一路，有艰辛的翻越，更有如画的风景，特别在那曲到类乌齐这段十分艰难的路程上，我们被绝美的风景震撼着，那素洁庄严的巍峨雪山，那漫谷而行的静静河流，那缤纷绚烂的植被色彩，装点着整个"唐蕃古道"。

古道幽长，护法情真。我们一处处地寻找并造访与文成公主有关的点滴历史的记忆和文化的痕迹。每到一处，我们都会请文成公主出来看一看历史的昨天和今天，是天有感应吧，每每公主走出的时候，一些奇特的事情就会发生。在青海玉树文成公主庙，本是晴空万里的，公主一出来却突然地下了冰雹。在塔尔寺，晴日之下突然就风来落雨，霏霏细雨正如公主潸潸的泪水。这些自然现象惊人地与公主的出现巧逢着，让人感叹不已。

天造的巧合也一同发生在这个计划中。2006年10月29日17时，文成公主和释迦牟尼十二岁等身佛像被平安地护送回到了西安广仁寺，而这个时间与我在美国下定决心做这件事情的2005年10月28日，在调整两地时差之后相隔整整一年，不多一天不少一日。这是上天安排我在这完整的一年里完成一个长久以来的梦想，得以圆全完满。这一年里，是文成公主在引导着我把自己的精神送到西藏去涤荡，是西藏的太阳温暖地沐浴着岁月沧桑的我，让人抖擞、振奋；是释迦牟尼十二岁等身像，惠泽着我以及天下所有信徒，让我们感悟生命的意义、感受生活的怡然。

文成公主和释迦牟尼十二岁等身佛像能够平安地回到西安，受到了社会各界的关注，需要感谢的很多：他们有广仁寺、大昭寺的师父们，有迎请团的团员们，有为迎请团导航的西安越野e族陕西大队的全体成员，有驾驶佛车的两位司机以及依维柯的三位司机师傅们……

如今，文成公主和释迦牟尼十二岁等身佛像已经被供奉在西安广仁寺。因为"梦怀长安古城，重走唐蕃古道"的活动，让更多人知道了广仁寺，我也希望文成公主和释迦牟尼十二岁等身佛像的落座西安，能够让更多的人了解这段历史，让更多的人有机会亲临这里，礼拜佛祖，参拜文成公主。

回首昨天，我知道，这一年是我人生最自我、最快乐的一年。

面对未来，我感应，高贵的文成公主与释迦牟尼十二岁等身像将永远带着慈爱的微笑祝福我们，并陪伴我们在人生的路上平安地行走！

二〇〇六年十一月十九日

驾驶佛车

目 录

一. 迢迢万里吐蕃行　　　　　　　　　/1
——文成公主入藏,揭开汉藏关系新篇章

- 公主的出身 …………………………… /4
- 藏王的求婚 …………………………… /5
- 送亲的队伍 …………………………… /15
- 唐蕃间古道 …………………………… /17
- 炳灵寺礼佛 …………………………… /20
- 日月山弃镜 …………………………… /22
- 倒淌河泣别 …………………………… /23
- 柏海畔成亲 …………………………… /24
- 玉树度蜜月 …………………………… /26
- 查吾拉入藏 …………………………… /27

二. 漫漫雪域四十年　　　　　　　　　/33
——公主在西藏的生活和贡献

- 藏王英主松赞干布 …………………… /34
- 尼泊尔墀尊公主 ……………………… /37
- 大相禄东赞 …………………………… /39
- 佛祖十二岁等身像 …………………… /42
- 佛教文化的传扬 ……………………… /45
- 拉萨城的建设 ………………………… /47
- 提升藏民生活的功德 ………………… /50
- 悲凉帷帐后半生 ……………………… /58
- 慰藉公主的后来者 …………………… /60

三. 悠悠千年故乡情　　　　　　　　　　　/69
——重走唐蕃古道，接文成公主回娘家

　　雍布拉康和昌珠寺 ---------- /70
　　藏王陵 ---------- /76
　　雅鲁藏布江、拉萨河 ---------- /79
　　哲蚌寺 ---------- /80
　　布达拉宫 ---------- /81
　　大昭寺和小昭寺 ---------- /82
　　西藏博物馆 ---------- /90
　　羊八井、那曲 ---------- /95
　　索县、丁青、类乌齐 ---------- /96
　　玉树文成公主庙 ---------- /106
　　巴颜喀拉山、玛多、鄂陵湖、扎陵湖 ---------- /108
　　倒淌河 ---------- /118
　　日月山 ---------- /122
　　塔尔寺、西宁 ---------- /123
　　古鄯驿 ---------- /125
　　炳灵寺 ---------- /126
　　天水 ---------- /127
　　大震关 ---------- /127
　　扶风法门寺 ---------- /129
　　西安南门、广仁寺 ---------- /130

后　　　　记　　　　　　　　　　　/133

英　文　摘　要　　　　　　　　　　　/138

迢迢万里吐蕃行

文成公主入藏 揭开汉藏关系新篇章

- 公主的出身
- 藏王的求婚
- 送亲的队伍
- 唐蕃间古道
- 炳灵寺礼佛
- 日月山弃镜
- 倒淌河泣别
- 柏海畔成亲
- 玉树度蜜月
- 查吾拉入藏

青海文成公主塑像

　　位于中国西南边陲的西藏自治区，以其雪域高原的奇峰异景、浓郁的民族风情、独具特色的宗教文化深深地吸引着全世界的目光。

　　在西藏文化的形成过程中，有一位女性起到了极其关键的作用——那就是文成公主。

　　我们五千年的文明古国，生存过的国人，没有精确统计。依孔子后人至今有八十多代，据以30年为一代，而每代平均有五千万人推算，总数约略该有近百亿了，女性按半数计，也就该有个四五十亿的数字。其中青史留名的不过数百万分之一。知名的女性呢？真真寥寥无几。其中人们耳熟能详的又多半是女祸，什么妹喜啦，妲己啦，褒姒啦，貂蝉啦，张丽华啦，杨贵妃啦，前半段中国史，王朝衰亡时，就炒出一个"女祸"，找个替罪羊来阐释历史，而美貌差不多是她们共同的罪恶渊薮，成为被颠倒的历史的点缀。男尊女卑社会之不公，于此为极。

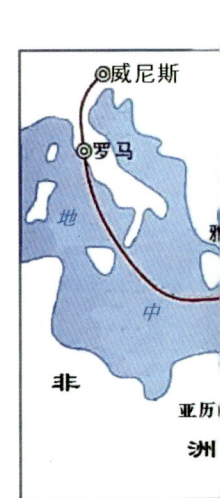

在少之又少的能得到正面公平评价的女性中，文成公主是没有争议的一位。她从西安外嫁已有1365年之久了，可西安人没有忘记她；更幸运的是，她嫁到西藏的千余年后，藏族同胞记住了她，至今怀念着她，甚至将她尊为女神——绿度母——崇拜着她，到处有她美丽善良形象的塑像供人膜拜。每年还以藏历4月5日（公主到达拉萨纪念日）和藏历10月15日（公主生日）两个日子纪念她。文成公主在西藏人的心目中会有那么崇高的地位，是出乎我们意料之外的。这次去了一趟西藏，才真正对藏学家王尧先生的这一说法有所体会。她的可敬形象高高地矗立在青藏高原上，活在藏族同胞的心中。无疑她是位历史的幸运儿，是古代中国女性的骄傲。有感于此，一年前，我们发愿将大昭寺的文成公主像，连同她带往西藏的佛祖十二岁等身像一起迎回西安。很幸运，在广仁寺主持下，顺利做成了这件事。

大昭寺文成公主像

文成公主是走唐蕃古道入藏的，这条道路因她而出名，也是自她走过后开始兴旺。唐蕃古道不仅成为沟通西藏和内地，而且再接续蕃尼之路，成为丝绸之路中

丝绸之路示意图

的绿洲之路、草原之路之外的又一条高原雪域之路，是沟通东西方世界的伟大丝路的重要组成部分。文成公主的名字是和唐蕃古道联系在一起的，所以本书就把这条艰险神秘道路和文成公主缥缈远去的一生放在一起，结合我们这次万里驱车接文成公主回娘家走过的唐蕃古道，配上图片，作详尽介绍。

公主的出身

自汉朝以来，中原政权不时执行和亲政策。直至中唐以前和亲，公主多半不是皇帝的亲生女，"入蕃公主皆非天子女"是个连突厥人默棘连都知道的公开的秘密。文成公主的父亲是谁？有一些猜测。有说是唐高祖的孙女，见《陔余丛考》引《质实》云："公主，高祖之女，段纶之妻。"赵翼指出，嫁段纶的是高祖第四女高密公主，"非文成也"。有说是江夏王李道宗之女，此说因李道宗以王爷之尊领了送文成公主去西藏的差事，松赞干布与他相见时"执子婿之礼甚恭"，让更多人相信他才是公主的生父。那么按李道宗与李世民同为李虎曾孙，两人为堂兄弟而言，公主是王爷的女儿，原来的身份应是郡主。然而重要的是，文成公主是以唐太宗女儿的身份嫁给吐蕃赞普松赞干布的，她拥有的大唐公主的高贵身份，是唐太宗给与和承认的，谁也不能对此妄生非议。无论她在大唐宫廷中生活的时间是长还是短，出嫁前，她在宫中受到良好的培养，是一定的；她受到唐宫内外所有人的尊重，后来也受到吐蕃王廷上下的尊重是肯定的。

唐太宗像

藏王的求婚

文成公主嫁往西藏之事，《旧唐书·吐蕃传上》有较详细的记载，说明了雄霸西域的赞普（弃宗）弄赞，即吐蕃王松赞干布向唐求婚颇费周折的过程：

贞观八年，其赞普弃宗弄赞始遣使朝贡。弄赞弱冠嗣位，性骁武，多英略，其邻国羊同及诸羌并宾伏之。太宗遣行人冯德遐往抚慰之。见德遐，大悦。闻突厥及吐谷浑皆尚公主，乃遣使随德遐入朝，多赍金宝，奉表求婚，太宗未之许。使者既返，言于弄赞曰："初至大国，待我甚厚，许嫁公主。会吐谷浑王入朝，有相离间，由是礼薄，遂不许嫁。"弄赞遂与羊同连，发兵以击吐谷浑。吐谷浑不能支，遁于青海之上，以避其锋。其国人畜并为吐蕃所掠。于是进兵攻破党项及白兰诸羌，率其众二十余万，屯于松州西境。遣使贡金帛，云来迎公主。又谓其属曰："若大国不嫁公主与我，即当入寇。"遂进攻松州。都督韩威轻骑觇贼，又为所败，边人大扰。太宗遣吏部尚书侯君集为当弥道行营大总管，右领军大将军执失思力为白兰道行军总管，左武卫将军牛进达为阔水道行军总管，右领军将军刘兰为洮河道行军总管，率步骑五万以击之。进达先锋自松州夜袭其营，斩千余级。弄赞大惧，引兵而退，遣使谢罪，因复请婚，太宗许之。弄赞乃遣其相禄东赞致礼，献金五千两，自余宝玩数百事。

日月山东亭瓷砖画 吐蕃求婚

《册府元龟》和《西藏王统记》第二十五章所载与此大致相同。都是说,因为处在唐蕃之间的青海地区的吐谷浑作梗,贞观八年(634年)松赞干布求娶公主未成,吐蕃出兵攻击吐谷浑,并以十万或二十万兵屯唐西境的松州(今四川松潘),从两个方面向唐施压。唐太宗为息事宁人,在吐蕃退兵谢罪后,答应通婚,于是唐蕃联姻。

在吐蕃求婚使禄东赞为松赞干布求婚时,留下了他机智地应对考核的有趣故事,即所谓"五难求婚使"。

故事说:当时在长安来求亲的各国使者很多。唐太宗下旨,要前来求亲的使者先解答五个难题。哪国的使者能够解答,就跟哪国和亲。

第一道题目是要求把一根很细的丝线,穿过一颗有九曲孔道的绿松石珠子。各国使者正抓耳挠腮,冥思苦想也想不出办法来的时候,只见禄东赞把丝线系在一只蚂蚁的腰部,把蚂蚁放入孔中,吹气,蚂蚁带着丝线,爬过绿珠的九曲孔道,从另一端爬了出来,丝线也就带过来了。

第二道题目是一百匹母马和一百匹小马驹儿混在一起,要求辨认出哪匹马驹儿是哪匹母马生的。禄东赞把母马和马驹儿分开关了一天,马驹儿被断绝了饲料和水。第二天,再把它们往

大昭寺禄东赞像

日月山东亭瓷砖画五难婚使

一起放,饿慌了的马驹儿飞奔到自己的母亲那里去吃奶,它们的母子关系也就辨认出来了。

第三道题是要在一天内吃掉一百只羊,并把这一百只羊的皮揉好,还要喝掉一百坛酒。禄东赞找来他的一百名骑从,一整天内,一边小口喝酒,小块吃肉,一边揉皮子,肉吃完了,人还不醉,皮也揉好了。别的使者带的人都酩酊大醉,酒肉都剩下了,皮子也揉不成。禄东赞又赢了。

第四道题是夜晚入宫而能不迷路,禄东赞事先在各处做好暗记,凭这些记号顺利找到出宫的路。

禄东赞通过了四道考题,最后一道是要从二千五百名年青美貌的女子中,找出谁是文成公主。禄东赞事先向寓所女主人询问了公主的体态,心里有了底,临场凭他敏锐的眼力,一下子就把那仪态大方的公主认出来了。

这些传说不一定是事实,但是故事却在藏区广泛流传。藏民很得意自己使臣过人的聪敏,聪明过人的禄东赞因而成为他们心中的英雄,至今在许多地方和公主一起被供奉着。总之,这传说故事真实反映了吐蕃人民对唐蕃友好的愿望和对完成这一伟大使命的使者的赞美。从贞观八年起求婚,《资治通鉴》明记直到贞观十四年才允婚,中间有六七年之久,故事也曲折反映了禄东赞不辱王命,求婚成功的艰难。

根据《吐蕃王朝世系明鉴》和《智者喜筵》等藏文资料,松赞干布出生于隋大业十三年的丁丑藏历火牛年(617年),十三岁即位的己亥年应为贞观三年(629)。他十六岁壬辰(贞观六年,632年)娶尼泊尔公主。贞观八年(634年)十八岁时第一次向唐提亲,丙申年再派其相禄东赞从西藏出发到唐都长安请婚,时为贞观十年(636年)。《资治通鉴》记明贞观十四年(640年)吐蕃"献黄金五千两及珍玩数百,以请婚,上许以文成公主妻之"。《西藏王统记》第二十五章《安达·热巴坚事略》有所补充:"唐主遂以文成公主出降,并赐觉阿释迦像及丰厚奁仪而遣往吐蕃。"所说就是公主出嫁时带去西藏的释迦牟尼十二岁等身像。佛教界盛传等身像是佛祖释迦牟尼得道后应徒众要求建造的,是他本人8岁、12岁、15岁等几个年龄段和真身一样大小的佛像。据说是依据佛祖母亲的回忆做的,并由释迦牟尼本人亲自开了光的。藏语称这样的佛像为"觉阿",英文为"jowo",供奉"觉阿"的寺庙就被称为"觉康",英文为"jokang"。汉语习惯称为"大昭寺"。虽然佛祖生前有过不准做偶像崇拜的教诲,但等身像之事,在佛教界久已成定论,不容置疑。

公主拜辞唐太宗

那么文成公主本人,获悉自己被选中成为唐代最早外嫁的两位和亲公主之一时(另一位是稍早于她去了吐谷浑的弘化公主),她最初的反应是什么样的呢?有说她深明大义,毫不犹豫地接受了使命。这可能是根据她以后的表现做的推测,因为在汉籍中找不出根据。一个豆蔻年华的贵族少女,要诀别故国亲人,万里跋涉,远去一个风俗环境完全不同的异域,嫁给一个自己未曾谋面的番邦男子,说她会兴高采烈,欢欣鼓舞,恐怕是过分拔高了她的觉悟。实际的情形应该是她的思想情绪在皇帝和贤妃们的开导下,有一个发生转变的过程。

倒是《西藏王统记》第十三章《迎娶甲本萨汉公主》里有这么一大段关于待嫁文成公主叙事,较为真实地记录了当时公主的心态。选主当时,吐蕃使臣用歌开导公主:

西藏第一王宫雍布拉康

至奇希有,天人公主,请听我语。吉祥如意,吐蕃藏地,五宝所成。赞普宫中,神作人主。松赞干布,大悲观音,神俊英武,见者钦羡。以教治邦,人民奉法,诸臣仆等,悉歌升平,出佛慧日,擎功德灯。山具诸木,土地广博,五谷悉备,兹生无隙。金银铜铁,各宝具有,牛马繁殖,安乐如是,至奇希有,公主垂听。

歌已,公主暗自思量,诚如此歌所言,则与吾之乡土何异。遂即拭泪,随藏臣而行。藏臣乘公主以马,周行市廛,炫示吾等藏人实较汉族霍尔为优,公主将为吾辈迎去,其他诸使皆可以指塞口。当时汉人皆深为

藏北草原上的牛羊

惋惜,云吾秀丽之公主,乃将被恶劣之藏人迎去矣。

帝又谓其他使臣曰:"尔等亦属吾大唐至戚,其所选女子,可自领去,各返本土。"臣噶亦谓公主言:"兹当筹措赴藏,请主回宫。"公主回宫后,帝父曰:"汝当往为吐蕃王妃。"公主曰:"无有佛法,土地贫瘠,道路遥远,难与父母兄弟相见,儿不欲往。"父王云:"汝必当去,勿作是语。赞普有大神通变化,具足法力。凡朕所有问难,其臣未返藏地,即已具答于所寄缄札之内。设知汝不去,立遣兵五万到此,杀我掳汝,并劫掠一切城市,将如之何。兹观察其臣所为,似以去之为宜。"公主乃向王父叩头奏曰:

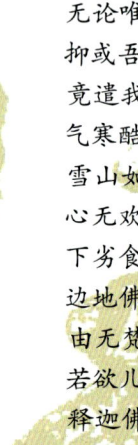

无论唯一父皇命,抑出母后之懿旨,
抑或吾兄所教言,何其离奇至於此。
竟遣我往吐蕃地,有雪邦土之境域,
气寒酷冷地粗恶,复多天龙鬼怪妖。
雪山如兽张獠牙,峰岩伊似野牛角,
心无欢乐意不适,不生五谷饥馑地。
下劣食肉罗刹种,行为粗鲁无礼教,
边地佛履所未践,无有佛教黑暗洲。
由无梵宇无神像,故无积福所凭依。
若欲儿即往彼处,父皇所供本尊神,
释迦佛像请赐我。有雪邦土饥饿乡,
宝仓御库请赐我。有雪邦土气萧寒。
请赐一世温暖衣。吐蕃贱民人龌龊,
赐我陪伴诸侍女。如是边鄙邦土内,
与诸藏庶共处时,我之行仪应如何。

如此挥泪而作叩禀。帝父亦以爱怜温语慰之曰:

如我眼目汝娇女,所谓吐蕃有雪地,
胜境钟灵有如是。雪山天然宝塔形,
四湖犹若玉曼达,奇异金花开遍处,
清凉美如无量宫。四江横流木葱茏。
出产五谷井众宝,牲畜遍野草如酥。
如是希有胜妙处,诸宝严饰为王宫。
人主赞普神所作,真实大悲圣观音。
至为精明慈悲王,除十恶业修十善,
黎民富庶受用丰,功德无边天帝子,

藏北草原雪山

智勇兼备臣菩萨,如此胜地汝其行。
爱女积福所凭依,有我所供本师像,
施主帝释天所造,其质乃由十宝成,
毗首羯摩为工匠,亲承如来赐开光。
如是无比如来像,见闻念触诚叩请,
佛说急速证等觉。利乐源泉觉阿像,
舍此如舍寡人心,仍以赏赐我娇女。
诸种府库财帛藏,众多宝物虽难舍,
仍以赐赏我娇女。告身文书金玉制,
经史典籍三百六,还有种种金玉饰,
以此赏赐我娇女。诸种食物烹调法,
与及饮料配制方,玉片鞍翼黄金鞍,
以此赏赐我娇女。八狮子鸟织锦垫,
并绣枝叶宝篆文,赐女能使王惊奇。
汉地告则经三百,能示休咎命运镜,
以此赏赐我娇女。工巧技艺制造术,

藏北美丽的拉萨河

高超能令人称美，如此工艺六十法，
以此赏赐我娇女。四百又四医方药，
四方五诊四论医典，六医器械皆赐汝。
一世温暖锦绫罗，具满各色作服饰，
凡二万匹赐与汝。身材妙曼可意儿，
善承人意诸女伴，二十五名作侍女。
吁嗟难忍分离女，殷切教诲切记取，
为欲化度雪邦人，汝之行仪应如是：
识见宜广行谨慎，对内外事须明敏，
言语温和性善良，恭敬赞普爱臣民，
知惭识愧行合矩。

公主拜别唐太宗

公主既已至家，不可再归宁父兄之邦，恐贻笑大方。且返汉之道，亦已阻塞不通。当初来藏，无我同行，稽留于途，久未能行。今者我将往商于尼婆罗妃，并奏王知。彼当即去请王相见。王果来欢宴之所，与公主会晤。于此有三种不同见相：在十方如来境界中，见王与王妃二人，以十二佛行之相，作利一切有情之事；住十地等菩萨境界中，见圣观自在菩萨变化为赞普松赞干布，尊胜度母变化为汉女公主，作利一切有情之事；在世俗凡夫境界中，仅见王与王妃二人，交杯合爱，对搓牵丝而已。

如此谆谆教导之下，文成公主应有所觉悟，所给公主的名位和优厚的陪送，特别是传为佛祖亲自开光的"觉阿像"——旷世之宝的佛祖十二岁等身像，将随公主一起入藏，也一定能给公主许多宽慰。无论如何，她总还是有些无奈吧，皇命难违，父命难违，公主不能不接受命运给她的安排，拜别父皇，义无反顾地走上唐蕃古道，走向她的夫君，走向她叵测命运的未来四十年。

送亲的队伍

送文成公主出嫁的队伍，唐太宗指定由礼部尚书、江夏王李道宗率领。这位当今皇上的再从兄弟，是唐代17位和亲公主（还有四位议亲而未成行）送亲队伍官爵最高的领队。高规格表示皇帝对这次和亲的重视，用这位身为名将的王爷率队，又体现对安全的重视。

这支队伍的组成和"嫁妆"准备，经过精心筹划。与上引《西藏王统记》所说带入西藏的物品，大致不差。嫁妆要体现娘家的高贵，大唐的威风，又要方便公主以后的生活，所以十分丰富。金银珠宝，绫罗绸缎，当然是少不了的，除此以外，还有许多吐蕃没有的粮果蔬菜的种子、蚕种、药材和香料。她还带了手抄本的汉籍经典、佛经以及医学、植树、工程技术、天文历法等方方面面的一大批书籍，如《艺林三百六十法宝鉴》、《工艺六十法》等。带去一个乐队，少不了还有各种乐器，遗存在大昭寺里的就曾有五十件之多，可惜"文革"中遭劫难，现在寺里和西

唐代织锦

唐代丝绸

藏博物馆、民族博物馆里，都只有不多的几件。最重要的是那尊佛祖的十二岁等身像。庞大的送亲队伍除文成公主陪嫁的侍婢和侍卫外，还有一批文士、乐师和农技人员。这是要借重文化技术亦即中原文明和佛教文化的输送，密切汉藏两地的关系。这自然是唐太宗深谋远虑的重大决策。经过数月紧张的精心准备，送亲队伍在贞观十五年（641年）隆冬——据说是为了便于过河——踏上西去的漫漫长道。

后来的历史表明，正是这支队伍，将许多科学技术和文化知识带到祖国西南的雪域高原，在衣食住行乃至信仰和思想文化各方面，都丰富和改善了藏族同胞的生活，影响之深远，今天都随处可见。这是一条将西藏和祖国内地紧密联系起来的牢固纽带，是文成公主在随她一起入藏的所有工匠技师协助下，在其后继者们共同努力下建立的不朽功绩。

布达拉宫文成公主入藏图

唐蕃间古道

关于文成公主入藏的行程道路,史书上没有完整实录留下,只有星星点点的记载和传说,反映她西去留下的足迹,如今芳踪难觅。我们研究隋唐间从都城长安(今西安)西去入藏的道路,即唐蕃古道,主要可以依据的资料有三种:一是《隋书》、《北史》、《资治通鉴》、《册府元龟》等史书记载的大业五年(609年)隋炀帝西巡之路,其从今西安到西宁一段,应与文成公主所走唐蕃古道的前半段一致;二是《新唐书·地理志》记载的唐穆宗长庆二年(822年)会盟使刘元鼎入蕃道路;三是1984年青海省博物馆等单位组织的唐蕃古道考察,留下的《唐蕃古道》等成果资料。

609年隋炀帝西巡,旨在解决阻遏丝绸之路青海段的吐谷浑政权,而后到甘肃在河西走廊会见西域二十七国君长,组织热闹非凡的丝绸之路贸易盛会。

隋炀帝这次西巡活动,开辟了后来唐蕃直接接触的前景,成为是32年后文成公主入藏之行的开路先锋。他西巡的行程是:三月二日从长安出发,三月三日到武功(今武功西北),八日过扶风(今凤翔),又至天水。四月三日大猎于陇西,九日到狄道(今临洮),二十七日出临津关(今循化东),渡黄河。至西平(今乐都),陈兵讲武,演习军事。五月九日大猎于拔延山(今化隆马场山),十四日入长宁谷(今西宁北川),到达西宁。而后在今西宁西的金山宴群臣后越浩门川(今大通河),取道大斗拔谷(今扁都口)北上甘肃河西走廊。隋炀帝此行所率将士多达40万,逢山开路,逢水架桥,千军万马的铁蹄,为文成公主踏出了唐蕃古道前半段长安至西宁近1000公里的大路。

《新唐书·地理志》鄯州鄯城条注。可以反映文成公主接着走过的唐蕃古道后半段:

> 鄯城。中。仪凤三年置。有土楼山。有河源军,西六十里有临蕃城,又西六十里有白水军、绥戎城,又西南六十里有定戎城。又南隔涧七里有天威军,军故石堡城,开元十七年置,初曰振武军,二十九年没吐蕃,天宝八载克之,更名。又西二十里至赤岭,其西吐蕃,有开元中分界碑。自振武经尉迟川、苦拔海、王孝杰米栅九十里至莫离驿。又经公主

隋炀帝

佛堂、大非川二百八十里至那录驿，吐浑界也。又经暖泉、烈谟海，四百四十里渡黄河，又四百七十里至众龙驿。又渡西月河，二百一十里至多弥国西界。又经犛牛河度藤桥，百里至列驿。又经食堂、吐蕃村、截支桥，两石南北相当，又经截支川，四百四十里至婆驿。乃度大月河罗桥，经潭池、鱼池，五百三十里至悉诺罗驿。又经乞量宁水桥，又经大速水桥，三百二十里至鹘莽驿，唐使入蕃，公主每使人迎劳于此。又经鹘莽峡十余里，两山相崟，上有小桥，三瀑水注如泻缶，其下如烟雾，百里至野马驿。经吐蕃垦田，又经乐桥汤，四百里至合川驿。又经恕谌海，百三十里至蛤不烂驿，旁有三罗骨山，积雪不消。又六十里至突录济驿，唐使至，赞普每遣使慰劳于此。又经柳谷莽布支庄，有温汤，涌高二丈，气如烟云，可以熟米。又经汤罗叶遗山及赞普祭神所，二百五十里至农歌驿。逻些在东南，距农歌二百里，唐使至，吐蕃宰相每遣使迎候于此。又经盐池、暖泉、江布灵河，百一十里渡姜济河，经吐蕃垦田，二百六十里至卒歌驿。乃渡藏河，经佛堂，百八十里至勃令驿鸿胪馆，至赞普牙帐，其西南拔布海。

唐蕃古道路线示意图

又一研究唐蕃古道的重要材料是《新唐书·吐蕃下》记载的唐刘元鼎入蕃道路，录以备考：

(长庆元年)以大理卿刘元鼎为盟会使……明年，请定疆候……元鼎逾成纪、武川，抵河广武梁，故时城郭未隳，兰州地皆粳稻，桃李榆柳岑蔚，户皆唐人，见使者麋盖，夹道观。至龙支城，耋老千人拜且泣，问天子安否？言："顷从军没于此，今子孙未忍忘唐服，朝廷尚念之乎？兵何日来？"言已皆呜咽。密问之，丰州人也。过石堡城，崖壁峭竖，道回屈，房曰铁刃城。右行数十里，土石皆赤，房曰赤岭。而信安王祎、张守珪所定封石皆仆，独房所立石犹存。赤岭距长安三千里而赢，盖陇右故地也。曰冈恒卢川，直逶婆川之南百里，臧河所流也。河之西南，地如砥，原野秀沃，夹河多枉柳。山多柏，坡皆丘墓，旁作屋，赪涂之，绘白虎，皆房贵人有战功者，生衣其皮，死以旌勇，徇死者瘗其旁。度悉结罗岭，凿石通车，逆金城公主道也。至麋谷，就馆。臧河之北川，赞普之夏牙也……

元鼎还，房元帅尚塔藏馆客大夏川……元鼎逾湟水，至龙泉谷，西北望杀胡川，哥舒翰故壁多在。湟水出蒙谷，抵龙泉与河合。河之上流，繇洪济梁西南行二千里，水益狭，春可涉，秋夏乃胜舟。其南三百里三山，中高而四下，曰紫山，直大羊同国，古所谓昆仑者也，房曰闷摩黎山，东距长安五千里，河源其间，流澄缓下，稍合众流，色赤，行益远，它水并注则浊，故世举谓西戎地曰河湟。河源东北直莫贺延碛尾殆五百里，碛广五十里，北自沙州，西南入吐谷浑寝狭，故号碛尾。隐测其地,盖剑南之西。元鼎所经见,大略如此。

相应内容在《旧唐书·吐蕃传》记为:

> 元鼎往来,渡黄河上流,在洪济桥西南二千余里,其水极为浅狭,春可揭涉,秋夏则以船渡。其南三百余里有三山,山形如鳌,河源在其间,水甚清泠,流经诸水,色逐赤,续为诸水所注,渐既黄浊。又其源西去蕃之列馆约四驿,每驿约二百余里。……元鼎初见赞普于闷怛卢川,盖赞普夏衙之所,其川在逻娑川南百里,臧河之所流也。

我们这里避免做地名的繁琐考证,尔后一章会将上述史料与实地考察结合,进一步介绍唐蕃古道。上述记载,尤其是对地形地貌的描述,对研究古道很有价值。先以下面一些公主入藏沿途留下的传说,加以简略说明,借以具体了解古道梗概。

炳灵寺礼佛

炳灵寺全景

羊皮筏

炳灵寺洞窟

炳灵寺上院佛像

炳灵寺大佛

贞观十五年(641年)春正月初五禄东赞到长安迎亲,正月十五文成公主离开京城,在李道宗护送下去吐蕃。一路上,由便桥过渭河,经过后来发生杨贵妃被缢杀悲剧的马嵬,经过法门寺时曾上香布施,瞻仰佛骨,传说全寺上千僧众列队迎送,为公主做了三天祈福道场。尔后公主一行,往秦州(今甘肃天水)、狄道(临洮),来到炳灵寺。

今在刘家峡水库南端的炳灵寺,开凿于前秦,其最高处的第16窟有纪年题记留存至今。所以炳灵寺的开凿,还在敦煌莫高窟始建之前。

炳灵寺地处临夏小积石山凤林关,自古是交通要道,附近有黄河渡桥,惜已没入水库中。当年文成公主应是从这桥上走过,不必履险乘羊皮筏,就越黄河西去。

炳灵寺今有文成公主修行和休息的石洞窟,上院还有一窟内的佛像,说是公主所造,于是大家把公主像抬进窟内,置于佛像下凭吊。解说员更特别指出,全寺最大的高20多米的大佛,表情凝重忧郁,与所有佛的造像恬静安详的面容不同,是为公主深深担忧。这尊坐佛造像,上身汉式,下身藏式,将两地的石窟艺术特点融为一体,似乎说明着炳灵寺大佛与公主有千丝万缕的联系。

日月山弃镜

在大佛忧郁的目光注视下,公主离别炳灵寺,向西北行,不走兰州,直奔鄯州(今青海乐都),过唐土最西边的河源军所在的今西宁市区西,行200里,来到当时称赤岭的日月山。

这里是农业区和游牧区的分界,也是唐土蕃地的分界,在继文成公主之后又一位入藏的和亲公主金城公主的建议下,开元二十一年(733年)唐蕃使臣在此隆重树碑,定蕃汉界。虽然树碑是后事,但文成公主至此,知道将入蕃界,告别故国,未免伤感。想起父皇曾送她日月宝镜,并有叮嘱:思念时,拿出宝镜来,就可以看到长安城和家乡人。唐太宗的意思是让她睹物思情,聊以自慰。公主不明白,她在镜中怎么也看不到故乡亲人,失望地将宝镜抛在地上。宝镜变成两座山,人们分别起名为日山(南)、月山(北),以纪念公主。于是,赤岭又有了日月山这被更多人知道的名字。

当然这是个凄美的故事。更有人演绎这个故事,说日月宝镜本是灵验的,被江夏王李道宗换掉了,公主照的是假镜子,自然什么也看不见。王爷的意思是为坚定公主入藏的决心,狠心断了她的思乡之情,也真是用心良苦了。

日月山

开元唐蕃分界碑

倒淌河泣别

　　走过日月山，不过一天的路程，来到一条河边。人们发现这条河居然是向西流淌的，这让看惯大江东去，大河也东去的内地人不胜惊讶。原来这是向西流入青海湖的内陆河。远离了故土，不仅农业区换成畜牧区景象，连山水都改了模样，青春年少的公主还没从弃镜日月山的离愁中缓解过来，睹物生情，不免又是一番感伤，一番惆怅。有说倒淌河里流淌的是公主的眼泪。别人有眼泪往肚里流，公主把眼泪全留在她将奉献青春，奉献一生的青藏高原。

倒淌河文成公主塑像浮雕（山高水长）

柏海畔成亲

贞观十五年(公元641年)初,文成公主将嫁到吐蕃的消息传开后,吐蕃举国上下欢腾,热盼大唐公主的到来。从唐朝西境到吐蕃,沿途都准备好了马匹、牦牛、船只和食物,一路接送文成公主,不让公主受委屈。一首藏族民歌《唉马林儿》唱道:

不要怕过宽大的草原,
那里有一百匹好马欢迎您!
不要怕过高大的雪山,
有一百匹驯良的牦牛来欢迎您!
不要怕涉深深的大河,
有一百只马头船来欢迎您!

白牦牛

松赞干布还将柏海选作迎亲地。柏海是古湖泊名,在青海省南部,地近黄河源。那里有今名鄂陵湖、扎陵湖的两个姐妹湖,每个不大不小,纵横都是二三十公里,湖水清澈纯净,浪涛声声悦耳。蓝天白云的背景衬托下,绿得发蓝的湖水美丽壮观。松赞干布动员大批臣民来到这里,大动土木,筑馆建城。而后亲自从藏南赶到柏海迎接。松赞干布和文成公主在那里举行了隆重的婚礼。今周毛松科留有遗址。《旧唐书·吐蕃传》记称迎亲的情况,不仅是两位年轻人心灵的碰撞,也是一次汉藏两种文化的碰撞:

鄂陵湖

倒淌河文成公主塑像浮雕 湖畔会亲

> 弄赞率其部兵次柏海，亲迎于河源。见道宗，执子婿之礼甚恭。既而叹大国服饰礼仪之美，俯仰有愧沮之色。

《册府元龟》卷978与《太平御览》卷154《皇亲部·公主下》所记相同，唯均将"道宗"改为"王人"，是为避免误解为哪位皇帝的庙号而改的吧。

李道宗是个使臣的身份，他见藏王按说应该恭敬地行君臣礼，以示尊重才是。可反而是松赞干布以一国之君之尊，见李道宗时"执子婿之礼甚恭"，不免让人猜测，这位王爷是公主的生父。为表示对公主的尊重，他恭敬地行大礼拜高堂。而且一近距离接触，就折服于大唐的服饰礼仪之美。穿着华丽气度高雅的公主，在他眼里，不啻是下凡的天女。《吐蕃传》接着记称：

> 及与公主归国，谓所亲曰："我父祖未有通婚上国者，今我得尚大唐公主，为幸实多。当为公主筑一城，以夸示后代。"遂筑城邑，立栋宇以居处焉。公主恶其人赭面，弄赞令国中权且罢之，自亦释毡裘，袭纨绮，渐慕华风。仍遣酋豪子弟，请入国学以习《诗》、《书》。
>
> 又请国中识文之人典其表疏。

不仅为公主筑城以安居，还改服饰，学汉籍，开始大规模引进内地的先进文化。

而在文成公主这边，赞普松赞干布——如藏语语义，真是英雄之主，虽然被高原的烈日狂风塑造得黝黑粗犷，但这位统一了藏区的英雄藏王，眉宇间的豪爽之气，张显的勃发英姿，也足以打动公主的心。我们无从猜测，这两位文化背景差异很大的年轻人，这时是不是一见钟情，但是一开始就会有的相互敬慕之心，促成了他们结合以后的美好生活与合作。如果猜测说，此刻文成公主心中暗自庆幸，自己算是嫁了一个伟丈夫，那大致是不会错的。

玉树度蜜月

虽然为迎接大唐公主，松赞干布在柏海精心筑馆，准备了行宫，可是那一带地势高敞空旷，终究人烟稀少，并非可以久留之地。婚后王后俩移驾，驻跸玉树，在青海南部最富庶的地方继续他们的蜜月。玉树县城所在地叫结古镇，这个古老的镇名的意思就是货物集散之地，如今依旧保持着一派繁荣景象。新婚的公主在玉树生活了一些日子，松赞干布因公务繁多先回西藏，公主留住一共将近百日，在当地留下许多佳话。

最出名的千年遗迹是闻名四方的文成公主庙。庙里有摩崖造像，崖壁上有石刻的公主手写经文和公主的多个足印。门外还有公主的上马石，有公主示范种的田。

有故事说，公主要走时，当地民妇热情挽留她：山坡上众多的粮食牛羊可以供她饮食，自己身上的皮袍可以为她暖身，请公主留下不要走。公主用手指在崖壁上一划，留下了自己的形象。文成公主庙门旁有一块不大的石碑，用古藏文简略地记载修筑文成公主庙的缘由和大体时间，其中写道："为了祝愿万民众生，赤迭祖赞父子幸福平安，祝愿佛教昌盛大，依照佛中年时的容貌和体形，依岩壁雕刻了佛像，修了此

玉树县

文成公主庙后摩崖石刻波罗蜜多心经文

庙。"这记载与传说略有区别,到底是一千多年的事了,会又多出来种种说法是很自然的。我们按流传已久的造像总是会依当时皇帝皇后等皇室人物的形象来雕造的规矩判断,文成公主庙浮雕的主尊像,应反映了公主的长相。

公主还留下手写的波罗蜜多心经,刻在石崖上。给友好的玉树乡亲留下永远的纪念后,公主上马向西藏进发,追寻她的夫君去了。

依据公主形象的摩崖石刻大日如来像

查吾拉入藏

公主离开玉树,出青海前往西藏的路线行程,缺乏完整记载,研究有相当困难。关键是从哪个山口翻越大雪山——唐古拉山。可供选择的山口有五个,由西往东是:当拉、郭由(纽)拉、查吾拉、沙卖拉、保苟加吾拉。最西的当拉,就是今天青藏公路和铁路所过唐古拉山口,据20世纪80年代在敦煌新发现的《吐蕃投递驿书》记载,是吐蕃经柴达木去敦煌的驿路,虽然也是一条历史悠久的入藏大道,但并非唐蕃古道。取道玉树的入藏大道,应是经杂多县,从适中的查吾拉山口(或郭由拉山口)入藏。根据相关史料和研究,可以初步判断如下。

出玉树后,古道应是沿今子曲(截支川)上行至子野云松多(婆驿)的地方,这里离截支桥300里,加上至列驿(结隆乡)的150里,大致与驿文所载的"四百四十里至婆驿"吻合。一位在网上发了题为《青藏铁路并非唐蕃古道》文章,应是实地考察过的先生说:"子野云松多,是一个风景绝色之境,有十八座山峰为文成公主所命名,水涓潺潺,青草蔓生,奇石突兀云间,最适宜人住,唐人在这里小憩几天,却是最

CHONGZOUTANGBOGUDAO

迎奉车队入藏时通过唐古拉山口

好的去处。"

从婆驿启程,绝佳的美景不再,唐蕃古道的驿程记道:"乃渡大月河罗桥,经潭池、鱼池、五百三十里至悉诺罗驿。又经乞量宁水桥,又经大速水桥,三百二十里至鹘莽驿,唐使入蕃,公主每使人迎劳于此。又经鹘莽峡十余里,两山相嵞,山有小桥,三潭水注如泻击,其下如烟雾,百里至野马驿。""婆驿至野马驿要经过三条大河,而其中两条皆在唐古拉山岭北,一条扎曲,一条当曲,而第三条则是越过唐古拉的岭南了,就是今天索曲河了,发轫于唐古拉山南麓,水流湍急,落差很大,是怒江的发源地,故唐人称为大速河。"除了三条河能对上外,所谓"两山相嵞"的地标,也被找到。当年唐蕃古道考察队发现就在今子曲渡口东约20里的给沙扁地:"两石分别坐落于子曲河的南北两岸,间隔一里许。这两块巨石,兀立河两边,犹如两虎把关,至此者都能留下深刻印象。"书中还具体描述:"两石均长约20米,高15米,宽8~10米,不太规正。"(《唐蕃古道》第86页)这一发现是论证唐蕃古道逆子曲而上,走查吾拉山口的又一重要证据。第三,从婆驿至鹘莽驿,驿文本合计是850里,考察队所计行程为870里,亦大合。所以大致可以认定,文成公主入藏是取道查吾拉山口的。青海省考古所长告知,1984年以后,没有再做唐蕃古道的考察研究,进一步的工作只能期待将来了。

考鹘莽驿之所在,《册府元龟·外臣部·土风三》记吐蕃"有鹘莽山……西八里,状若三峡。"《唐蕃古道》的作者陈小平认为"指今索曲北源上游峡谷无疑",峡前的鹘莽驿当在其东约10里的索曲北源南岸一带,即今天西藏的聂荣县查吾拉区所在地,距唐古拉山查吾拉山口50里。

以后再过野马驿(白雄)、阁川驿(那曲)、温汤(羊八井),就到了现在的拉萨。那曲以下的路,与今青藏公路段一致。但当时的拉萨逻些城还在酝酿规划中,文成公主应该没有在这里驻足,而是直奔山南琼结的吐蕃第一宫——雍布拉康而去。雍布拉康传说是公元前2世纪建的宫殿,是历代赞普到松赞干布在建布达拉宫之前都住的宫殿。所以雍布拉康是文成公主所走的唐蕃古道的终点。公主的到来,揭开了唐蕃汉藏关系的新篇章。

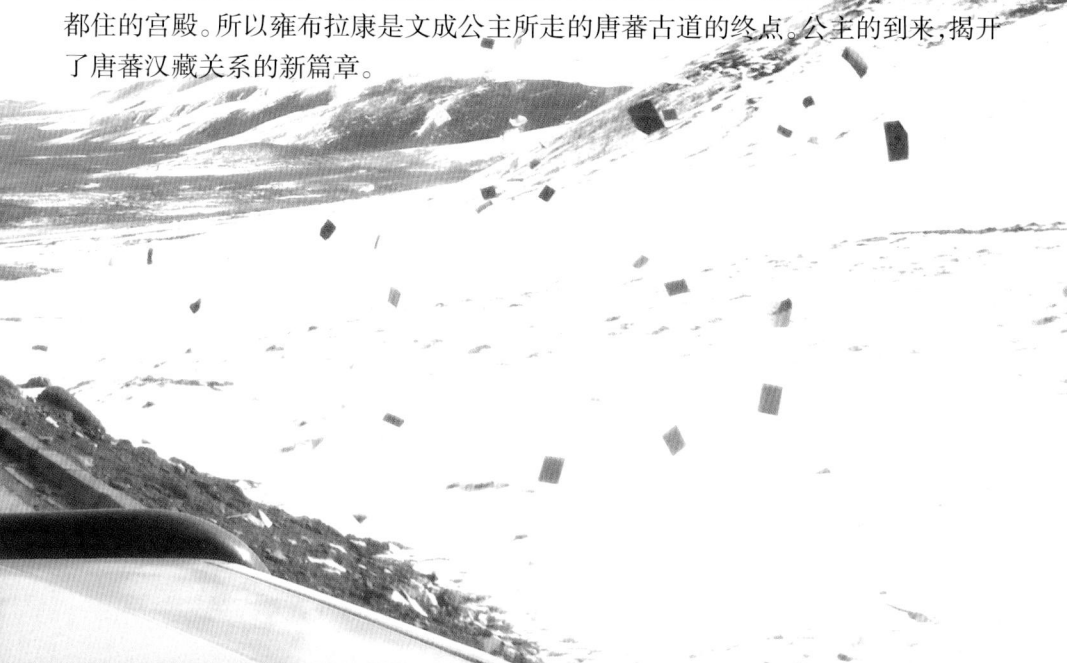

图1 怒江上游那曲河
图2 羊八井
图3 藏北草原风光
图4 雍布拉康山下农田
图5 西藏第一座宫殿雍布拉康刻石
图6 雍布拉康远景

漫漫雪域四十年

公主在西藏的生活和贡献

英主松赞干布
尼泊尔墀尊公主
大相禄东赞
佛祖十二岁等身像
佛教文化的传扬
拉萨城的建设
提升藏民生活的功德
悲凉惆怅后半生
慰藉公主的后来者

藏王英主松赞干布

松赞干布王冠（藏西藏博物馆）

松赞干布像

隋大业十三年（617年）出生的弃宗弄赞即松赞干布，又名"弃苏农"，亦号"弗夜氏"，敦煌古藏文历史文书称作赤松赞，《新唐书》作弃宗弄赞。"弃"即赤的对音，"宗弄赞"即"松赞"二字的对音。这是他的本名。"松赞干布"是即位后给他上的尊号。其父是藏王论赞索赞普。松赞干布十三岁即位，成为第三十三代藏王，人称赞普松赞干布。在古藏语里，赞是英雄的意思，普是首领的意思，合在一起用为君王的称号。《西藏王统记》甚至称"观世音菩萨变化为藏王松赞干布"，也有称他为"护教法王"、"护法大王"，把他神化了。

松赞干布是西藏历史上杰出的政治家,他的一个重要的功绩是平息贵族勾结属部地方势力发动的战乱,统一了藏区十八个吐蕃部族。他似乎很懂得,马上取天下,不能马上治天下的道理,致力于文治。

首先是领导创制了藏文文字。松赞干布挑选最富聪明才智的吞米桑布扎和十六名青年,派他们到印度学习梵文和西域各国文字。学成后,回到西藏一起借鉴各种语言,创制了藏文。松赞干布亲自带头学习,并将每个臣民都要学习藏文的规定,明确写进法律。

为巩固统一,松赞干布制定了六大法。建立了一套严密的军事组织机构和军政合一制度,统一度量衡制,给十八个部族划分土地,明确规定属私人占有,在百姓中划分等级,果断执法判决。特别制定了十五法(三要、三不要、三赞颂、三鄙视、三不迫害)、十善法和在家道德规范十六法,注意到社会文明风气建设。为此提倡向大唐、向尼泊尔、向其他民族学习文化和技术,发展藏族的文化。

外交方面,推行和亲政策,结好邻邦尼泊尔和大唐,实行开放政策。他前后迎娶了尼婆罗(尼泊尔)墀尊公主和唐朝的文成公主,是实现睦邻友好和文化战略的组成部分。在松赞干布统治下吐蕃的政治经济和社会文化发展,有了长足的进步。松赞干布是西藏民族、也是中华民族的一位大英雄。

松赞干布先娶过一位藏族夫人孟氏妃赤尊,生有儿子贡日贡赞。而后在文成公主前,先娶尼婆罗王女墀尊公主。贞观八年(634年)九月松赞干布初次遣使朝贡,唐命冯德遐回访,开始议婚,要娶唐朝的公主,最后在贞

唐卡 松赞干布像

观十五年娶了文成公主，是汉藏关系的一件划时代的大事。史书上还记贞观末禄东赞来长安之事：

> 太宗伐辽东还，遣禄东赞来贺，奉表曰："圣天子平定四方，日所照之国，并为臣妾，而高丽恃远，阙于臣礼。天子自领百万，度辽致讨，堕城陷阵，指日凯旋。夷狄才闻陛下发驾，少进之间，已闻归国。雁飞迅越，不及陛下速疾。奴忝预子婿，喜百常夷。夫鹅，犹雁也，故作金鹅奉献。"其鹅黄金铸成，其高七尺，中可实酒三斛。（《旧唐书·吐蕃传上》）

中国古婚六礼，从第一礼"纳采"起，就是男方使者抱雁去女家求婚，后来因雁不易得，有以鹅为代替物的，禄东赞为求婚使挚鹅为礼，看来是很懂得中原的这风俗了。这时送鹅，是补当年缺失的礼罢。

汉藏关系密切的又一表现，是吐蕃军队支援唐军的行动。公元648年，唐朝王玄策出使西域，途中遭中天竺(今在印度)劫，退入吐蕃境内。王玄策向吐蕃军队求援，松赞干布当即派精兵协助王玄策击败天竺，并报捷长安。

唐高宗即位，松赞干布致书当政的长孙无忌说："天子初即位，下有不忠者，愿勒兵赴国共讨之。"并献金琲十五种以荐昭陵。对吐蕃这时提出给蚕种、酒人与碾硙等诸工的请求，唐高宗都答应了。自古有一条行用已久的规矩，蚕种不许携带出境，体现人们很早就有了对丝绸生产技术的保护意识。所以流传有某公主将蚕种藏在发髻里和僧人将蚕种藏在空心禅杖里带出境的传说。可这次皇帝诏准给吐蕃蚕种，表明对吐蕃已经不见外了。

为回应松赞干布表现的友好姿态，继位不久的唐高宗李治在公元650年两次给松赞干布加封官职，第一次封驸马都尉、西海郡王，是再次对文成公主身份的肯定。第二次进封为賨王，但敕书送达时，松赞干布已去世。这些说明，和亲以后，直到唐高宗继位时，松赞干布生前的唐蕃关系一直是良好的。

可松赞干布不幸英年早逝，永徽元年（650年），他在赞普位二十一年时去世，五月唐遣右武卫将军鲜于匡济赍玺书往吊祭。

因为墀尊公主和文成公主俩都没有为松赞干布生养，吐蕃王妃为他生的儿子贡日贡赞已先他去世，所以松赞干布之后，继位的赞普是他孙子——贡日贡赞的儿子芒松芒赞。

芒松芒赞继位时年仅十五，《红史》称是十三岁——按此说，松赞干布是二十岁上下就做了爷爷，所以不大可信。那么他的生卒年是636—662或638—664年。且称"大臣噶尔(即禄东赞)辅政，治理国政十五年。"在禄东赞生前，唐蕃关系还维持得较好。到禄东赞去世后，因为唐蕃关系一度紧张，文成公主晚年的处境可能转坏，这是后话。

尼泊尔墀尊公主

在娶文成公主前,松赞干布先娶了尼泊尔(尼婆罗)王女墀尊公主或译为赤尊公主(Khri-btsun),她在西藏被尊为是怒纹度母的化身:

> 王来欢宴之处,与赤尊公主相见。于此有三种不同见相:在十方如来境界中,见王与王妃二人,以行十二佛事之相,利益一切有情;在十地菩萨境界中,见圣观世音菩萨变化为藏王松赞干布,怒纹度母变化为尼婆罗赤尊公主,作利益一切有情之事,然在世俗凡夫境界中即见王与王妃二人,交杯合音,对搓牵丝而已。

娶墀尊公主的时间,可能还在贞观八年(634年)九月松赞干布初次遣使入唐议婚之前。所以当贞观十五年文成公主入藏时,墀尊公主已在西藏生活多年了,年龄也应该比文成公主大好几岁。墀尊公主和文成公主都受到藏民的爱戴,至今在许多寺庙里,一左一右供奉在松赞干布两旁。一般的位置,都是墀尊公主在松赞干布的右手旁,文成公主在左手旁。所见寺庙中塑像,大多数的情况下,没有安排松赞干布的原配藏族夫人的位置,尽管她生养了儿子贡日贡赞,而两位公主似乎都没有为松赞干布生育孩子。唯布达拉宫内有一处塑了三位后妃像,怀抱王子的藏族夫人门萨赤江的位置在正中,也是母以子贵吧。

至于这两位原来贵为公主的王妃相处得怎样?有一个小故事说,墀尊公主本人来自佛祖出生地蓝毗所在的尼泊尔,为供奉她从尼泊尔带去的佛教的至宝释迦牟尼佛的八岁等身像,便提出由她来修建大昭寺供奉佛像。这工程大约在公元639年便开始选址建造。

布达拉宫壁画 白度母

布达拉宫三位后妃

可是起初大昭寺的墙随建随塌，很久建不起来——据历史学家的研究，大昭寺之所以建了又倒，是由于当时与佛教竞争激烈的本教势力的破坏——文成公主到来以后，运用她的星象、堪舆知识，上观天象，下察地理，观测出拉萨河谷是一个罗刹魔女的形状，称只有将庙建在魔女的心脏部位上才能镇住她，庙才能建起来。公主推算，红山东一公里的地方，才是建庙的最佳方位，当时那里是一片沼泽"卧塘湖"。

虽然文成公主说了，但是碍于面子，墀尊公主不太愿意接受。在左右为难时，松赞干布似有察觉。有一天他请墀尊公主一道散心，两人并肩骑马，一路说笑。可听到松赞干布问起建寺情形，墀尊公主不知怎么说好。胸有成竹的松赞干布，从公主的手上摘下一颗戒指，对公主说：这样吧，我将戒指抛向天空，它在哪里落下，就在哪里建寺，让上天决定吧！戒指正好落在那片湖水中。聪明的墀尊公主明白国王给她台阶下的苦心。结果就在那里把大昭寺建成了。施工时，文成公主还出主意让山羊背土填湖塘，所以那地方又有了意为山羊之地"惹萨"的名字。现在"拉萨"之名就是由"惹萨"而"逻些"、"逻娑"演变而来的。可以说是两位夫人携手完成了建造大昭寺的伟业。而且松赞干布将两位夫人

大昭寺建筑

的面子也顾到了,关系也维持好了。看来两位公主都豁达处世,不是小肚鸡肠的一般妇人,宽以待人,也给自己留下更大的生活空间,一起名垂青史。

墀尊公主后来的情况不明,只见有一说,称松赞干布和两位公主同日去世,三人一起与佛身融合:"一起没入大悲菩萨像的胸中",显然不会是事实。因为松赞干布和文成公主的逝世相差30年,是史书有明确记载的,惟墀尊公主逝世的年岁史书失载。但她被尊为怒纹度母即白度母化身,也在大昭寺和布达拉宫等许多地方有塑像,给人们永远留下了美好的形象。

大相禄东赞

禄东赞是汉译名字,藏语直称他噶尔东赞,是松赞干布得力的四位大臣之一。他曾建策把吐蕃全境划分为四个"如"和六十四个"千户府",建立了军政合一的制度。他丈量土地,建立了赋税制度。把土地分为贫民所有、大臣所有和藏王所有等五个等级,初步理顺了行政制度、经济制度,为松赞干布统一西藏和保卫边疆等诸方面的事业做出了很大的贡献。所以禄东赞在西藏很有威望。他虽然不识刚刚创制出来的藏文,但是他聪明机智有谋略,精通政治和军事,是吐蕃时代一位传奇人物。影响力仿佛汉地的诸葛亮,无人不知晓。

松赞干布曾前后数次派遣他办和亲外交。先到尼泊尔,迎娶回尼泊尔公主,再到汉地,迎娶回文成公主。按《红史》第十三章的说法,丙申年(636年)禄东赞从拉萨出发往唐都长安请婚。那么他这第一次入唐,时在贞观八年(634年)之后两年。而后在贞观十五年(641年)正月到长安的迎亲是第二次入唐。

开元二十一年(733年)所立"定蕃汉两界碑"的碑文中有"往日贞观十年,初通和好,远降文成公主入蕃。"所指正是这禄东赞第一次入唐求亲。与《红史》第十三章所说丙申年禄东赞从拉萨出发往唐都长安请婚一致。他这位议婚大使的才华风度,依仗正在崛起的吐蕃的实力为后盾,终于不辱王命,替藏王娶回一个公主,提高了刚统一了青藏高原的大蕃的地位和影响。

因禄东赞聪明机智,所以唐太宗有意把琅邪公主孙女嫁给他为妻,《新唐书·吐蕃传上》记称他:

> 始入朝,占对合旨,太宗擢拜右卫大将军,以琅邪公主外孙妻之。禄东赞自言:"先臣为聘妇,不敢奉诏。且赞普未谒公主,陪臣敢辞!"帝异其言,然欲怀以恩,不听也。

史书上还记贞观末太宗伐辽东还,遣禄东赞带金鹅来贺之事,那是禄东赞第三次入唐,与唐太宗想许配琅邪公主孙女给他可能是同时发生的事,否则,禄东赞就应四次往返唐蕃古道。

松赞干布死后,噶尔东赞又担任芒松芒赞辅政十五年。并在芒松芒赞在位九年(658年)又一次,即第四次或第五次前往唐地。无疑禄东赞是唐蕃古道和蕃尼古道开辟之初,辛苦跋涉最勤的一位。正是他这样不断奔波,促进了藏汉之间、尼泊尔和藏族之间的友好往来。

《新唐书·吐蕃传上》称:"东赞不知书而性明毅,用兵有节制,吐蕃倚之,遂为强国。"并维持了唐蕃的友好关系。晚年的禄东赞担任守护大臣之职,先后在吐谷浑住了六年,在突厥住了一年。唐高宗乾封二年(667年)他从吐谷浑返回西藏的路途中,得病死于森塔地方。

西藏有一种传说,说噶尔东赞晚年被松赞干布逮捕入狱,挖眼杀死。藏族史家认为这一流传大概与敦煌古藏文历史文书中记载的一事相混淆了。那记载说:"大臣噶尔东赞的亲属噶尔·赞辗恭顿叛离赞普都松芒布杰,赞普得知消息后,于木羊年(公元695年)下令杀噶尔·赞辗恭顿。"禄东赞没有活到这时候,明显是把噶尔·赞辗恭顿的事,误传为禄东赞的事了。说禄东赞曾被逮捕入狱的事实,根本不见于任何史籍。

倒是另一件流传很广的故事,让我们为难。说的是文成公主在入藏的路上生了孩子,而孩子是禄东赞的。这样似乎就解释了为什么公主入藏时,在唐蕃古道上滞留了三个年头。今天我们已无法对此事的真假做判断。但像禄东赞这样的人才,博取公主的好感,让人并不难理解。况且在那个胡风盛行,唐高宗可以娶是他父亲唐太宗才人的武则天,唐明皇可以娶儿子寿王李瑁妃子杨贵妃的时代,社会上大多数人对那两位皇帝予与了理解、宽容,甚至欣赏。文成公主若有些绯事,是不是也不必过多指责。特别是对于很依赖游牧为生的民族来说,地广人稀,婚姻圈内交往的人口有限,天长日久,年复一年,近亲繁育后代造成危及种族身体素质的严重后果的时候,大家讲究的便不是伦理,而是民族的生存大计了。

三十多年前在内蒙,一位蒙族同事曾对我坦言,在他们眼里,抱着孩子来的媳妇——不管这孩子的爸爸是谁——是一等的媳妇。也就是说,能不能带来健康的孩子,是评论媳妇好不好的第一考虑。这是上个世纪60年代还在一些蒙民间流行的看法。不同的经济水平,不同的生活方式,思想道德伦理观念是有差异的。所以如果文成公主有什么事,松赞干布会怎么看,我们恐怕是不好越俎代庖的。

藏王墓公主像和禄东赞像

　　从禄东赞始终受到松赞干布信重来推测，他和公主的事，或者是好事者无中生有的编造，或者是松赞干布完全不会在意的糗事一桩。大不了是他既要用禄东赞这人才，又要维系和唐朝的关系，也就不能把这当回事了。而他能够忍常人所不能忍的原因，或者是他屈从于作为政治家承受的政治压力，或者是他分散的游牧民族生活下的人口压力。在这双重压力下，真出了他要娶的大唐公主生下一个孩子的事，他也不能多说什么了。况且，和蒙族生活方式雷同的藏族，是不是也有如上所说的蒙式草原民族风俗，豁达到根本没像汉族那样把两性关系当多大的事呢？藏族至今还保留有走婚的习俗，丈夫会抚养妻子过去所有的孩子，并不在意孩子的生父究竟是谁。我们应当从这些生活中遗存的古老风俗去理解历史。藏王墓前文成公主塑像前，一如既往塑着禄东赞的安排，很有意思。

大昭寺佛祖十二岁等身像

佛祖十二岁等身像

《西藏王统记》第十一章记有"自天竺及尼婆罗迎请法王本尊佛像",称有四尊自然生成的本尊旃檀佛像。对此《红史》23"噶玛噶举"据西藏历史记载,具体说到:以前藏王松赞干布派遣一个幻化比丘到尼泊尔,劈开一株旃檀树,得到四尊自成旃檀观世音像,一尊在尼泊尔,一尊在尼泊尔与西藏交界处,一尊在吉仲,一尊在拉萨。安放在吉仲的观世音像称为"圣者瓦第"。《西藏王统记》称其中之一的"佛像迎请来至藏地,献于赞普松赞干布。赞普大悦,乃拜谒本尊圣像"。汉藏史籍上多处记载文成公主入藏时带去了佛像。流传很广的说法是,文成公主带去西藏的佛像,就是印度赠送大唐的属于四佛像之一的佛祖十二岁等身像。

佛教界又一说,等身像是佛祖释迦牟尼得道后应徒众要求建造的,是他本人8岁、12岁、25岁等几个年龄段和真身一样大小的像,据说是依据佛祖母亲——应是抚养他长大的姨妈——的回忆打造,并由释迦牟尼本人亲自开了光的。藏语称这样的佛像为"觉阿",英文为"jowo",供奉"觉阿"的寺庙就被成为"觉康",英文为

"jokang",即汉语习称的"大昭寺"。虽然佛祖生前有过不准做偶像崇拜的教诲,但等身像之事,在佛教界久已成定论,不容置疑。并认为是与法门寺发现的佛指骨舍利相当的至宝圣物。大昭寺内现在的主尊即这座等身像,大昭寺因之成为无数僧人和信众叩长头来朝拜的圣殿。

  关于这尊佛像如何到了大昭寺,我们听到尼玛次仁讲的故事。原来墀尊公主也从尼泊尔带来了一尊同样尊贵的佛祖八岁等身像,起先置于墀尊公主自己建造的面朝西尼泊尔方向的大昭寺。而文成公主带去的佛祖十二岁等身像,则置于为文成公主造的面朝东的小昭寺。大概在公主去世后10年的七世纪八九十年代之交,听说武则天很想要回佛祖的等身像,准备派军队来把国宝抢回去——史书上是有武则天曾两度打算对吐蕃用兵,目的是为西域的争夺,不过并未成行——于是人们把小昭寺的佛祖十二岁等身像藏入大昭寺的藏佛洞里,大昭寺里的佛祖八岁等身像暂移到小昭寺,想唐军即使来了,找不到公主带来的像也就只好作罢。不过后来唐军并没有过来,于是在60年后,将佛祖十二岁等身像从藏佛洞中请出,供在大昭寺,没有再把在小昭寺里的像接回来。直至现在,两尊佛像仍和最初的情况错位放置着。另一种说法是西藏历史上发生过苯教的毁佛运动,为避难,小昭寺的僧人将佛祖十二岁等身像藏到大昭寺的藏佛洞里,封存起来。事平后,过了60年,藏佛洞启封,请出的佛祖十二岁等身像就留在大昭寺。而移置于小昭寺的佛祖八岁等身像在"文革"中被坏成两截,后来把丢失的一截找回来修复了,依然供奉在小昭寺。留在印度的另一尊佛祖十五岁的等身像,也在宗教冲突中为避免毁坏而沉入海底保存,后来再没有找到。所以现在大昭寺的佛祖十二岁等身像,是存世的唯一一座完好的等身像,因此备受信徒崇拜。

  这次接文成公主回娘家的活动,同时也将当年公主带去西藏的佛祖十二岁等身像,用国外进口的紫檀木精心精工雕造了一尊,在大昭寺隆重开光后一起请回西安,配上底座、背光,供奉在西安广仁寺,使古城人民有幸重睹等身像的风采。

小昭寺佛祖八岁等身像

广仁寺送到大昭寺开光的佛祖十二岁等身像

佛教文化的传扬

文成公主是一位虔诚的佛教徒，当时的西藏，佛教还处于初有还无的状况。她离开长安时带着佛像、佛塔和佛经，显然是有备而去。途经玉树时，她就在住了多时的贝纳沟，即后来建为文成公主庙后的崖壁上刻写了摩诃般若波罗蜜多心经。相信弘扬佛教是她去西藏的宏愿之一，也是她在西藏的四十年支撑下去的精神支柱之一。在佛教初传西藏时，文成公主对藏传佛教的创立，起了至关重要的作用。

两位公主和松赞干布在西藏弘扬佛教能够成功，除了执政权力的背景外，有几点很重要。一是处理与当地本教的关系，虽然免不了不时会发生一些冲突，比如在建大昭寺时，因为本教的阻挠破坏，砌的墙一倒再倒，起先时怎么也建不成。为了调和矛盾，松赞干布他们迁就本教，在建寺方面许多地方采取了本教的元素，本教徒看了比较满意，才暂时平息了风波。再一点是在整个教义教规上，文成公主没有墨守她从汉地带来的汉僧信奉的讲明心见性的禅宗一派，容忍了印传佛教的密宗传事续、行续两部初级密法（后两续部瑜珈续、无上瑜珈续，是后来由简单到复杂，由低级到高级逐步发展起来的），提倡以观音为本尊，以诵持六字大明咒为行持。还改变汉地佛教的戒律戒规，允许僧人信徒食肉，因为牧放（牦）牛羊是他们最重要的生计，乳肉是食物的主要来源，牧区是无法坚持不吃肉的戒条的，所以就变通了。蒙族后来接受藏传佛教，也是这个道理吧。这次活动请的佛像和公主像在大昭寺开光那天，我们在寺里用斋饭，吃的是牛肉包子，斋饭有肉，感觉挺新鲜的，当时悟出了这个道理。

再一点是佛经的翻译，无论是公主带去的汉译佛经，还是梵文佛经，不翻译成藏文来难于流传。从松赞干布开始，用刚创制的藏文译经，译成藏文的佛经称为"甘珠尔"。人们将从藏王松赞干布到朗达玛灭佛前的二百年中，从译师吞米桑布扎到南喀迥总共有五十一位译师的时期称前宏期；将从蒙古准噶尔部统治西藏前的七百一十八年，从译师仁钦桑波以下称为后宏期。"甘珠尔"工程对藏传佛教的流传影响至大。这次在拉萨药王山崖壁上佛教浮雕旁，我们还看到一张告示，为石刻全部甘珠尔募捐。

这里要说一下如何看待佛教的问题。

宗教是一种把相信神或其他超人的存在物的信仰者团结在一个精神共同体中的信仰体系制度，具有经济的、政治的、意识形态的、认识的、文化的、教化的和整合的多种功能,有人将此概括成社会控制功能、整合功能、行为规范功能、心理调节功能和陶冶情操的美感功能等五种基本功能。归根结底是人们精神生活的需要。人毕竟都是除了物质生活之外,还有精神生活的要求,这就是对自己人格尊严、人生价值的追求,对自己感情、理想的追求。在现实生活中失落的东西,有些人会到宗教世界去寻找。在社会文明和教育不够发达因而社会生活不能尽如人意时,应该允许人们有这样的选择,以求解脱,平衡心理。宏博精致的佛教教义恰恰又善于帮助人们解决宇宙观、人生观方面的问题,"众生平等","慈悲为怀",许多思想精华富有吸引力,对穷人和罪人还给予特别的关怀和宽容,无愧是马克思所说"被压迫生灵的叹息,是无情世界的感情"。所以无论上智下愚僧俗贵贱,礼佛一向是社会各层次人士共同的事业。还应该看到,宗教是生灵的叹息和呵护,是生命的呼唤和升华。宗教戒恶劝善,安抚心灵的创伤;保存智慧,是文明的见证和宝库。像佛教这样,反对暴力杀生,宣扬积德行善,祈求和平安详的宗教,我们可以定义为道德宗教。宽容和善待道德宗教,是符合社会和谐进步的共同利益的。

视宗教等同于迷信,是一种简单化的极"左"的思维。宗教是一种靠经验演绎的生命观、人生观、世界观。科学实验是自然科学认识世界的方法。而研究处处发挥主观能动性的人类社会,方法和自然科学应有所区别,经验和历史的借鉴在这里很重要。虽然结论大多无法象自然科学一样,用实验重复来验证,可研究成果还是可以用来指导人生,指导社会实践,并被社会实践证明是有效的。宗教不仅是人们心灵自由的一种选择,更是认识世界的一种伟大实践,所以宪法和国际法都保障宗教信仰的自由。要关注的只是宗教和邪教,道德宗教和极端主义派别的区别,要高度警惕和坚决反对宗教极端主义妄图消灭一切异己的疯狂。

文成公主利用自己的影响力在吐蕃传播佛教向善的信仰,帮助松赞干布赢得观音化身的美誉,成就了夫君的事业声誉,也造就了自己作为绿度母的菩萨形象,被广大藏族同胞爱戴。

建寺传教的同时,佛教在西藏实际成为传播印度和中国知识文化的载体,更是留下了藏人千年的精神生活。此次西藏行,从大昭寺到藏北数百公里行车途中,一路见到好几十批叩长头的信众,甚至在漫天风雪之中,他们的脸上依旧绽放着灿烂幸福的笑容,我的内心受到深深的震撼。也许我们对他们的行为还不能十分理解,那也让我们先对他们保留一份尊重——对他们追求信仰,追求心灵自由的尊重。用建筑学家刘克成先生的话说,对他们价值观念的尊重。

布达拉宫壁画 绿度母

藏北叩长头的信众

拉萨城的建设

　　文成公主的一生，不仅在西藏弘扬了佛教，还在首府拉萨的建造上，起了决定性的作用。甚至可以说，拉萨是藏王松赞干布为公主而起意建造的。《旧唐书·吐蕃传上》记有一件松赞干布在柏海与文成公主成亲以后，与拉萨的建设有关的事：

　　　　及与公主归国，谓所亲曰："我父祖未有通婚上国者，今我得尚大唐公主，为幸实多。当为公主筑一城，以夸示后代。"遂筑城邑，立栋宇以居处焉。

　　所筑城邑即拉萨，当时叫逻些。而在拉萨的建造过程中，文成公主又起了至关重要的作用。西藏人都知道：先有大昭寺，后有拉萨城。上文已经说到，说大昭寺是墀尊公主建的，建时得到文成公主的帮助。

　　四面是山的拉萨河谷，被认为是一仰卧的魔女的姿势。文成公主有一些堪舆学

魔女图

的知识,也就是能看一点风水。将拉萨的山水地形描绘成魔女的形态,指出必须在其身上要害处建宫殿和寺庙以镇压。在今西藏博物馆里有这张魔女图陈列。要说起来,隋唐在规划建设京城的时候,有类似的做法,在地面起伏的城内五爻之地,即岗上高处,也是都建为宫殿,或镇以寺庙,意思是只能归帝王或佛祖使用,不能住平民百姓。当然这里面也应该有占领制高点的军事防御方面的考虑。不知是文成公主本人精于此道,还是随她入藏的随从中有指点她的高人,总之是以文成公主的名义,假借魔女之说,形成了一个建设新王都的方案。如今拉萨四周的山分别以妙连、宝伞、右施海螺、金刚、胜利幢、宝瓶、金鱼等八宝为名,据说这些山名,也都是文成公主起的。

　　建城方案的核心,是在红山上建布达拉宫,整个城市围绕布达拉宫建设。布达拉宫的位置,正好是选在龙身甩向西南的龙头上,这又很像长安京城在龙首原上建大明宫的设计。建大明宫之议,最初是在李渊生前之时,因为太极宫地卑潮湿,唐太宗为其父另选定了这个在龙首原上的皇宫新址,好让太上皇颐养天年。后来从唐高宗武则天时起,陆续建成规模巨大的辉煌宫殿。这个选址原则,当初还在长安的文成公主是有机会知道的。当然,松赞干布想到他的祖父也曾在这里居住,很乐意接受了这个选择

　　其实,布达拉宫或者其所在的红山,也曾是文成公主初到拉萨(逻些)时住过的地方。至今参观布达拉宫时,可以看到贴山建造的宫内高处,还保留着红山顶上公主和藏王修行静养的法王洞,它传递给我们这座耸立在海拔 3700 余米高山上的伟大宫殿,在 1300 多年前的公主时代开始建造的历史信息。

　　也许,说美丽的拉萨是文成公主留下的丰碑,并不过分吧。

布达拉宫法王洞

布达拉宫全景

提升藏民生活的功德

文成公主在西藏,一方面弘传佛教,为藏民祈福消灾,同时,还如上文指出的,"嫁妆"中有许多吐蕃没有的粮果蔬菜调料的种子、蚕种、药材、香料和乐器。据说玉米、土豆、蚕豆、油菜能够适应高原气候,生长良好。而说小麦不断变种,最后长成藏族人喜欢的青稞,就不很确切了,因为考古材料证明,在青藏高原上,3500年前就有青稞了。

文成公主还带去了车舆、马、骡、骆驼、犁、织布机、水磨机等交通及先进生产工具。在佛像和抄本的汉籍经典、佛教典籍之外,有关于生产技术、天文历法的书籍、医学著作和据说能治404种病的医方百种,并有一批文士、乐师和农技人员随行。这庞大的送亲团俨然是个"科技文化访问团"。唐太宗是要借重文化技术亦即中原先进文明和佛教文化的输送,促进吐蕃的社会进步。倒是非常符合不是靠战争暴力,而是靠科技文化来改变世界的进步理念,对密切汉藏两地的关系,有长时效的贡献。对此心领神会的公主,在西藏留下一首据说是她本人作的诗里写道:

　　一个柔弱的女子嫁到了远方。
　　送来了推测天文的占星学,送来了宝贵的锦缎。
　　种起了桑树好养蚕缫丝,教人们用黏土做陶器。
　　碾磨谷物的水磨也设置起来了,
　　还带来了芜菁的种子。

除此之外,我们从西藏看到的藏纸,和内地土法造的纸如出一辙,这对文化的传播和保存有至关重要意义的造纸术,史载西传的年代是晚于公主入藏一百年的八世纪中叶,那么西藏早于此时掌握造纸术,有理由去研究是不是公主的贡献。

无疑公主进藏促进吐蕃社会进步的最终意义,在于提升藏族人民的生活。除了精神生活方面,还表现在物质生活的各个方面。

一是藏人衣着的改善。文成公主入藏,松赞干布与她初次相见,就被她华丽炫目的服装折服,就是《旧唐书·吐蕃传上》说的,在河源"见道宗,执子婿之礼甚恭时","既而叹大国服饰礼仪之美"。唐代是中国人历史上人均消耗丝绸最多的时代,是中国人穿着最漂亮的时代,在传世名画和雕塑壁画中有充分的反映。藏王将公主一行丝绸锦缎服装与藏人当时比较简陋的衣着相比,难免会感到相形见绌,"俯仰有愧沮之色",自愧不如。这强烈的不加掩饰的感觉,自然就会形成给文成公主的第一个任务,改善藏人的衣着水平。不久以后派进长安京城进贡的使臣,明确无误的要求给予蚕种,是在藏区自主发展养蚕织丝业的证据。而这次在拉萨街上见到缂丝唐卡,西藏能生产这种复杂的通经断纬高级织锦产品着实让我吃惊,如

簪花仕女

今这在内地都不多见的工艺，是公主留下的吗？毫无疑问地说，藏族男女至今都天天不离身的藏袍，使用锦缎材料，变得那么华丽，是公主的遗泽恩惠。说不定其至人称"氆氇"的藏袍式样的产生，都和公主分不开呢。玉树文成公主庙内崖壁上，在锦缎上身的浮雕佛菩萨像的衣着上，我们已看到这一历史性变化的端倪。

二是藏人饮食的改善。牧区生活的饮食一般比较简单，奶、肉、青

藏人服装

今雍布拉康宫山下居民

蔬菜

拉萨市场上丰盛的水果

糌粑

稞之外,很少有蔬菜水果,他们需要的维生素,转从羊吃草后挤出的奶中摄取。一点青稞做的糌粑加一杯酥油茶,至今是许多藏民的基本饭食。公主入藏时,精心准备了许多粮食蔬菜水果的种子,不仅是她自己的生活保障,也丰富了藏民的餐桌。在玉树就流传有公主教当地人民种菜种粮的故事,雍布拉康山下平整如镜的大片农田之中,还有在那里生活了几年的公主的试验田。民歌《唉马林儿》唱道:

> 这是一个很好的地方,
> 名字叫北归雄。
> 文成公主带来的粮食种子真多呀!
> 共有三千六百种。

人们把公主的贡献,用民歌的方式,保存在记忆里了。

三是藏人居住方式的改善。藏地的居住,牧区至今有随处

哲蚌寺

羊八井北的帐篷和旁边烧火用的牛粪堆

布达拉宫红柳条束为建材

可见黑色帐篷，不是用木棍搭架支起来的蒙古包那个样子，更像现在还用着的用绳子拉起来的帐篷。城里宫殿寺庙，多用红白相间的石块垒砌，其中夹杂红柳条束为特色。公主带去的中原建筑的影响，还是随处可见痕迹。支撑屋顶房檐的斗拱，是典型的中原建筑特征，既是符合建筑力学的构件，又有十分美观的装饰效果。在文成公主初去时住过的，也就是在她去前建造的雍布拉康和昌珠寺的建筑上，我们没见斗拱，在布达拉宫、大昭寺、小昭寺以及而后建的哲蚌寺的建筑上，随处可以见到汉式的斗拱，这不能不让我们想到公主对西藏建筑的影响。在乡镇和农村，我们既看到完全用卵石或石块垒砌的高墙，也看到盖房时正用夯筑的情景，那夹板技术简直和西安的一模一样，又让我们想到公主的影响。总之，无论怎么说，公主开辟了藏汉人民生活各个方面交流的广阔前景，藏族人民居住的改善，包括城市的建设规划中，或多或少会有公主入藏带去的直接间接影响。

哲蚌寺

　　四是藏区交通的改善。西藏处在有世界屋脊之称的雪域高原上,南边的喜马拉雅山脉,北边的昆仑山脉,包括可可西里山、唐古拉山,使西藏封闭在四五千米以上高山的围合中。公主的到来,使非常困难的对外交通,出现了一个历史性的突破,长安——拉萨间的唐蕃古道,从此有了不绝如缕的使臣、商旅、僧人、学子的奔走。直到50多年前挑战"空中禁区"开通航路,半年前挑战"生命禁区"开通被誉为"天路"的铁路之前,只有我们踏公主芳踪的古道之旅。不能不说亲历古道的公主,是这条伟大道路的一位开辟者。另外,从文成公主庙前的上马石可知,公主去时是骑马的,她不像宋代以后大门不出,二门不迈的女子,是擅长骑乘的。布达拉宫白宫门厅壁画公主入藏图上的公主是骑在马上的,佛像载坐在车里。公主带去的辇舆、马、骡、骆驼,对交通的改善有何影响现在说不上来,但有影响是毫无置疑的。

小昭寺

卵石垒砌的房子

夯筑

二　漫漫雪域四十年

公主在西藏的生活和贡献

悲凉惆怅后半生

松赞干布（617－650年）生前，唐蕃关系在他和文成公主的共同努力下，维持了很好的关系。不断的人员来往，互赠礼品，或者说是以朝贡方式开展易货贸易。特别是唐朝，在物资种子、技术工具和文化经典各方面，应公主请求，继续给吐蕃帮助和支持。吐蕃也尽量给以回报：公元648年，唐朝出使西域的王玄策，途中被中天竺（今在印度）劫时，向吐蕃军队求援，松赞干布当即派精兵击败天竺，报捷长安；唐太宗去世，高宗初嗣位时，松赞干布致书于司徒长孙无忌等云："天子初即位，若臣下有不忠之心者，当勒兵以赴国除讨。"以外甥的身份为舅舅家分忧。《旧唐书·吐蕃传》还记他"并献金银珠宝十五种，请置太宗灵座之前。高宗嘉之，进封为宾王，赐杂彩三千段。因请蚕种及造酒、碾、铠、纸、墨之匠，并许焉。乃刊石像其形，列昭陵玄阙之下"。在昭陵的陵上宾王像里以后如能将松赞干布像辨认出来，那是重要文物。非常可惜的是，松赞干布不久就英年早逝，这不仅是文成公主的悲哀，是藏族人民的悲哀，也是中华民族的损失。650年五月，唐廷"遣右武卫将军鲜于匡济赍玺书往吊祭"。（《旧唐书·高宗纪上》）表达内地人民的深切哀悼。

松赞干布身后，因为唯一的一个儿子贡日贡赞已先他而死，所以立他幼孙芒松芒赞为赞普。禄东赞任国相，主事15年。其间唐蕃还维持了大体良好的关系。显庆三年（658年）禄东赞最后一次入唐，来"献金盎、金颇罗等，复请昏。"想再次和亲，应是为年幼的新王提亲。后来吐蕃与吐谷浑发生冲突内附，吐谷浑王诺曷钵与弘化公主败走凉州，求内附，被唐廷收容。禄东赞遣使论仲琮入朝解释出兵是因吐谷浑错罪，实际是为并吞吐谷浑，把吐蕃地盘扩张到整个青海地区辩护。唐廷还遣使者谯让去调停，不果。禄东赞晚年坐镇吐谷浑故地，667年他在回吐蕃的途中死了。这之前四五年，藏王芒松芒赞也去世了。

此后，禄东赞的次子论钦陵兄弟等当权，在企图谋取丝路商道利益的弓月诱引下，继续向西域扩张，与唐直接冲突。研究当时中亚政治地图的王小甫教授，在他的成名作《唐 吐蕃 大食政治关系史》中指出，这弓月"是一个以西突厥牙帐之一的弓月城为基地的粟特胡人部落"。所说弓月城在今新疆霍城西北。唐蕃关系的复杂化，与这股势力的介入和诱惑吐蕃向北发展有关系。

唐太宗贞观二十二年（648年）设的龟兹（在今新疆库车）、于阗（在今新疆和田西南）、焉耆（在今新疆焉耆县西南）、疏勒（在今新疆喀什）等安西四镇，在咸亨元年（670年）四月，被吐蕃攻陷。唐高宗当即命薛仁贵等反击吐蕃，送吐谷浑王归故地，在大非川（在今青海共和西南切吉平原）大败于论钦陵的四十万吐蕃军，"唐兵大败,死伤略尽",唐军损失十余万。八年前击铁勒时"三箭定天山",又才平了高丽的名将薛仁贵,这次侥幸脱身,"械送京师",受到免死除名的处分。自此,唐蕃关系转恶,战事不断,吐谷浑地皆入于吐蕃。也正因为在西边与吐蕃起战火,东边的形势受到掣肘,唐军在668年占平壤、平百济、高丽后不久,又退出朝鲜半岛,无力东顾。乘机统一了半岛,并将唐军挤出半岛的新罗,成了平百济、高丽之役的真正赢家。而当上元三年(678年)唐高宗有意发兵讨新罗时,宰相张文瓘劝阻的理由仍旧是"今吐蕃为寇,方发兵西讨;新罗虽云不顺,未尝犯边,若又东征,臣恐公私不胜其弊。"(《资治通鉴》卷202)当年九月,十八万唐军在青海上与论钦陵所率吐蕃军大战又败,工部尚书、大将军刘审礼被俘,殁于吐蕃。

吐蕃一边与唐争战,一边又未断与唐通使。咸亨三年(672年)吐蕃大臣仲琮来贡,唐高宗责问吞灭吐谷浑、败薛仁贵之事,仲琮狡黠地回避问题,推说:"臣受命贡献而已。军旅之事,非所闻也。"678年刘审礼被俘后,其子刘易从入吐蕃求赎,见父死,"昼夜号哭不绝声;吐蕃哀之,还其尸,易从徒跣负之以归。"赤着脚,把亡父背着回来。这时应募从军的娄师德出使吐蕃,在赤岭会见禄东赞的第三子赞婆,"宣导上意,喻以祸福",谈判有成,吐蕃数年不犯边。这娄师德后来也做到宰相。而朝廷里也又有了"欲和亲以息民"的声音。

翌年(679年)吐蕃赞普死,论钦陵立其子年仅八岁的器弩悉弄。文成公主派大臣论塞调来告丧,并请和亲。这是第二年就去世的公主为恢复唐蕃友好关系的最后努力,为三十年后金城公主和亲吐蕃预作铺垫。

晚年的文成公主寡居三十年,膝下无子女,一起入藏的侍从婢仆,经过三四十年,走的走,死的死,身边举目无亲。相知甚深的禄东赞,远去吐谷浑故地,十几年前也死了。晚境不仅孤独寂寞,眼看着故国和吐蕃两边的亲人

持吐蕃时期武器装备的军士形象

一战再战,十万二十万的死伤,内心的痛苦和无奈长期无法排遣,她的神经紧张到近于崩溃的程度。人们盛传她后来精神失常,这是不难理解的。公主的一生,作出了太多的付出和牺牲。永隆元年十月丙午,公历680年11月1日,公主在西藏逝世,终年56岁。

唐高宗派遣使臣专程前往吊祭。有强大的父母之邦的后援和关注,公主的葬礼应该隆重,她的埋葬地未见史书有记载,我们和藏族同胞一样,认为她是和夫君松赞干布葬到一起了。如今琼结的藏王陵里,松赞干布的陵上祭殿里,公主的塑像和松赞干布的塑像,一起享用着人们千年不断的香火供奉。

慰藉公主的后来者

历史性的进步往往不是一蹴而就的,多是经过一点一点的积累才实现的。汉藏兄弟的民族关系也是如此。一个好的开始之后,免不了还会有反反复复的曲折,才向前走一步。这就要依靠双方后来人的继续努力了。我们在这里仅列举汉族方面继文成公主之后又一位作出突出贡献的女子——金城公主。

667年禄东赞去世后,其子论钦陵等当权,唐蕃关系转恶。《旧唐书·吐蕃传上》称:"论钦陵兄弟专统兵马,钦陵每居中用事,诸弟分据方面,其三弟赞婆则专在东境,与中国为邻,三十余年,常为边患。"武则天临朝称帝时,曾在689年和690年两次酝酿出兵征讨吐蕃。这大概就是大昭寺讲解藏佛洞时,说是因为武则天知道佛祖十二岁等身像为至宝,在吐蕃,想要回去。吐蕃怕她派军队打过来硬抢,所以将佛像藏入此洞中。不过当时她指派的军队并未成行。

692年唐军——或者应该说是武周军队——从吐蕃手中收回龟兹、于阗、疏勒、碎叶等安西四镇,在唐蕃争夺中,重新占到上风。后来吐蕃又遣使请和,论钦陵还提出请撤去安西四镇兵,并分中亚十姓国之地,"则天竟不许之"。圣历二年(699年),逐渐成年的赞普器弩悉弄与其大臣论岩等密谋,杀了论钦陵及其亲党二千余人,赞婆率所部千余人及其兄子授布支等来降。长安二年(702年),吐蕃遣使论弥萨等入朝请求和,武则天宴请于麟德殿,奏百戏于殿庭。论弥萨叩拜称"愿大家万岁"("大家"是唐时对皇帝的称呼之一)。翌年(703年),又遣使献马千匹、金二千两以求婚,武则天允许了。但赞普器弩悉弄在亲征吐蕃南境属国泥婆罗等的叛乱时,死于军中,未能成婚。唐中宗神龙元年(705),吐蕃使来告丧,新复位的唐中宗为之举哀,废朝一日。

吐蕃没有放弃与唐再次和亲的努力。继位的器弩悉弄之子弃隶缩赞时年虽小,赞普之祖母遣其大臣悉薰然来献方物,仍为其孙请婚。中宗以所养雍王守礼女为金城公主许嫁之。这雍王守礼是唐高宗次子即唐中宗二哥章怀太子李贤的长子,因为他们的大哥无子,所以李守礼实际有唐高宗长孙的地位,不过其父李贤与可能不是他亲生母亲的武则天不和,从太子位上被废后又被杀。守礼兄弟被禁闭在宫中,每年被祖母武则天赐数顿"敕杖",打得浑身是伤,落下风湿的毛病。直到唐中宗复位后,他才作为皇侄,恢复王爷的身份。唐中宗命他的女儿充当和亲的角色远去藏区,他没什么好说的。

不过唐中宗对其实是他侄孙女的金城公主很是厚爱,公开宣布这位被授予公主名位的女孩是自己的女儿。景龙四年(710年)正月,为和亲专门下了制书:

> 圣人布化,用百姓为心;王者垂仁,以八荒无外。故能光宅遐迩,裁成品物。由是隆周理历,恢柔远之图;强汉乘时,建和亲之议。斯盖御宇长策,经邦茂范。朕受命上灵,克纂洪业,庶几前烈,永致和平。睠彼吐蕃,僻在西服,皇运之始,早申朝贡。太宗文武圣皇帝德侔覆载,情深亿兆,思偃兵甲,遂通姻好,数十年间,一方清净。自文成公主往化其国,因多变革,我之边隅,亟兴师旅,彼之蕃落,颇闻凋敝。顷者赞普及祖母可敦、酋长等,屡披诚款,积有岁时,思托旧亲,请崇亲好。金城公主,朕之少女,岂不钟念,但为人父母,志息黎元,若允乃诚祈,更敦和好,则边土宁晏,兵役服息。遂割深慈,为国大计,筑兹外馆,聿膺嘉礼,降彼吐蕃赞普,即以今月进发,朕亲自送于郊外。

这次迎亲使大臣尚赞吐是前一年(709年)的十一月来的,唐中宗在苑内球场请他们,并命驸马都尉杨慎交与吐蕃使打马球,进行一场友谊赛,烘托婚庆之喜,中宗率侍臣亲临观看。

不过在选派送亲使时出了一些麻烦。唐中宗先想让宰相纪处讷充使,对他说:"昔文成公主出降,则江夏王送之。卿雅识蕃情,有安边之略,可为朕充吐蕃使也。"纪处讷先是拜谢,回过头来就以自己不熟悉边事为由,坚决推辞。唐中宗又令中书侍郎赵彦昭充使,"彦昭以既充外使,恐失其权宠殊不悦"。司农卿赵履温给他出主意,私下托安乐公主上密奏把自己留下。他们都畏惧跋涉七千里唐蕃古道的艰难。于是皇帝只好以左卫大将军杨矩充使。

当月,唐中宗亲至始平县送公主,《旧唐书·吐蕃传》对此记下浓重的一笔:

> 设帐殿于百顷泊侧,引王公宰相及吐蕃使入宴。中坐酒阑,命吐蕃使进前,谕以公主孩幼,割慈远嫁之旨,上悲泣歔欷久之。因命从臣赋诗钱别,曲赦始平县大辟罪已下,百姓给复一年,改始平县为金城县,又改其地为凤池乡怆别里。

皇帝的这一隆重而亲切的送别,让吐蕃迎亲使直接感受到公主的尊严,公主则更明白了自己肩负和睦汉藏关系责任的重大。其实这时的弃隶缩赞赞普才虚岁十二、三,金城公主也就是他这个年龄或者稍大他一二岁。

金城公主在途经玉树时,就为保护文成公主留下的雕像,修了窟前建筑,即现在所称的文成公主庙。既至吐蕃,和对待当年的文成公主一样,"别筑一城以居之"。唐廷还依吐蕃之请,将河西九曲之地赐给金城公主做"汤沐之所",相当于食邑。史称九曲之地肥良,吐蕃在那里顿兵畜牧,经济实力增强。尔后与唐军在石堡城一带展开反复争战,同时吐蕃又频遣使请和,发出的《请修好表》中回顾:"仆射豆卢钦望、魏元忠、中书令李峤、侍中纪处讷、萧至忠、侍郎李迥秀、尚书宗楚客、韦安石、杨矩等一十人"与吐蕃盟誓后"迎公主入蕃,彼此安隐"。但埋怨至唐玄宗时,"西头张元素将兵打外甥百姓,又李知古亦将兵打外甥百姓"。声称:"既缘如此违誓失信,所以吐蕃遂发兵马。今奉阿舅书,以前所有嫌恶,并悉不论。自今以后,依前和睦,大是好事"。不过对"阿舅使人频与(北突厥)骨吐禄交通"不满。

唐明皇有些生气,说:"吐蕃赞普往年尝与朕书,悖慢无礼,朕意欲讨之,何得和也!"皇甫惟明劝解说:"开元之初,赞普幼稚,岂能如此。必是在边军将务邀一时之功,伪作此书,激怒陛下。两国既斗,兴师动众,因利乘便,公行隐盗,伪作功状,以希勋爵,所损钜万,何益国家。今河西、陇右,百姓疲竭,事皆由此。若陛下遣使往视金城公主,因与赞普面约通和,令其稽颡称臣,永息边境,此永代安人之道也。"这是把责任推给邀功生事的边将,认为还是要着眼于大局,通过金城公主做和蕃的工作。唐明皇被皇甫惟明说服,当即决定派他和内侍张元方充使前往吐蕃。惟明、元方等至吐蕃,见到赞普及公主,传达皇帝的旨意。"赞普等欣然请和",把唐太宗贞观以来唐廷前后敕书都拿出来给惟明等看,派其重臣名悉猎随惟明等入朝上表,表达维持甥舅友好关系的愿望。表中写道:

玉树文成公主庙

外甥是先皇帝舅宿亲,又蒙降金城公主,遂和同为一家,天下百姓,普皆安乐。中间为张玄素、李知古等东西两处先动兵马,侵抄吐蕃,边将所以互相征讨,迄至今日,遂成衅隙。外甥以先代文成公主、今金城公主之故,深识尊卑,岂敢失礼。又缘年小,枉被边将谗构斗乱,令舅致怪。伏乞垂察追留,死将万足。前数度使人入朝,皆被边将不许,所以不敢自奏。去冬公主遣使人娄众失若将状专往,蒙降使看公主来,外甥不胜喜荷。护遣谕名悉猎及副使押衙将军浪些纥夜悉猎入朝,奏取进止。两国事意,悉猎所知。外甥蕃中已处分边将,不许抄掠,若有汉人来投,便令却送。伏望皇帝舅远察赤心,许依旧好,长令百姓快乐。如蒙圣恩,千年万岁,外甥终不敢先违盟誓。谨奉金胡瓶一、金盘一、金碗一、马脑杯一、零羊衫段一,谨充微国之礼。

金城公主还另外送金鹅盘盏杂器物等。开元十八年(730年)十月,名悉猎等至京师,皇帝列羽林仪仗队在宣政殿召见。又在内廷设宴款待,与来使交谈,给予很高礼遇和赏赐。又派御史大夫崔琳充使回访。双方在赤岭各竖分界之碑,"约以更不相侵"。开元二十一年(733年)《定蕃汉两界碑》是我国民族关系史上一篇重要文字,提到了两位公主。全文为:

维大唐开元二十一年岁次壬申,舅甥修其旧好,同为一家。往日贞观十年,初通和好,远降文成公主入蕃。巳后景龙二年,重为婚媾,金城公主因兹降蕃。自此以来,万事休帖。间者边吏不谨,互有侵轶,越在遐荒,因之隔阂。今遵永旧,咸与维新,帝式藏用,不违厥旨。因以示赤岭之外,其所定边界,一依旧定为封守,为罗斥候通关梁。又矣哉!皇天无私,惟圣作义,故违圣者逆也,所以降雷霆之威。率圣者顺也,所以渐云雨之施。休咎之理,顺逆之繇,若斯之明矣。

昔先帝含宏,爱主从聘,所以一内外之礼,等华夷之观,通朝觐之往来,成舅甥之宴好。则我先帝之德,不可忘也。顷者瓜州之役,宥而不讨者,盖舍之先迷,而归之畜复。夫恃安则逸,逸则弃礼,弃礼则忘信,忘信则暴蔑之心生也。故春秋时人忘盟誓之典,有如日有如河。我之今日,罔不稽古?幽蕃臣魁渠,实曰警戒,无或背淳德,习凶梗,侵扰我河湟,窥视我亭障。无或恣业惊驰咆哮,剽掠我牛马,蹂践我农穑。汉家军领,亦不得兵马相侵。我家用不掩袭尔城守,覆坠尔师徒,壅塞尔道路,烟灭尔部落。不以兵强而害义,不以为利而弃言,则我无尔诈,尔无我虞,信也。司慎盟群祀,莫不听命。然后定正朔,宜百福,偕尔命祚,泱泱乎仁寿之风矣!

休哉!法尚一正,无二正之极,尔惟修代好,弥永年。忠于人则信于神,俾我唐受无疆之福,尔亦荷有永之谋。用怀尔远人,不宝尔远物,至圣之仁也!铭曰:

念旧好,义不忒兮。道路无壅,烽燧息兮。指河为誓,子孙亿兮。有渝其诚,神明殛兮。

吐蕃使还曾以金城公主名义要书籍,奏称:"公主请《毛诗》、《礼记》、《左传》、《文选》各一部。"唐明皇命制令秘书省抄写后送与公主。

前方将士间也有相互建立信任关系的努力。最典型的是正史上记下的这么一件事:

时散骑常侍崔希逸为河西节度使,于凉州镇守。时吐蕃与汉树栅为界,置守捉使。希逸谓吐蕃将乞力徐曰:"两国和好,何须守捉,妨人耕种。请皆罢

之,以成一家,岂不善也?"乞力徐报曰:"常侍忠厚,必是诚言。但恐朝廷未必皆相信任。万一有人交构,掩吾不备,后悔无益也。"希逸固请之,遂发使与乞力徐杀白狗为盟,各去守备。于是吐蕃畜牧被野。

在又一代和亲公主的影响下,唐蕃关系出现的积极后果,双方的边界又罢兵和好,吐蕃畜牧被野,明显表现出经济文化的进步。

开元二十九年(741年)春,正好是文成公主入藏100周年时,金城公主去世,吐蕃来遣使告哀。数月后,唐室始为公主举哀于光顺门外,辍朝三日。

金城公主也走了。她在世时开启的双方会盟的协商机制,成为一项重要的遗产留下来,在尔后不时采用。虽然不能彻底解决争端,但不时对缓和关系起作用。后来有唐肃宗元年(761年)的光宅寺盟誓,唐代宗永泰元年(765年)的兴唐寺之盟,唐德宗建中四年(783年)的清水会盟等许多次会盟。最为世人称道的是唐穆宗长庆元年(821年)唐蕃会盟于长安,次年(822年)唐皇派礼部侍郎刘元鼎到逻些会盟,并在大昭寺前塑了

唐蕃会盟碑文

唐蕃会盟碑

甥舅会盟碑

一座唐蕃甥舅会盟碑，正式确立唐蕃为甥舅关系，碑文写道："南方门隅天竺（印度）、西方大食、北方突厥、涅麦，均畏服，争相朝贡，俯首听命。东方有汉国，地极大海，日出之处，其国君与南面尼婆罗（尼泊尔）等国不同，教善德深……"言辞之中，对大唐帝国充满了钦佩之情。公主和亲结下的甥舅关系成为一条牢固的纽带，将西藏和祖国内地永远联系在一起。

甥舅碑至今一直耸立在大昭寺前，和旁边的一棵"公主柳"一起被围墙精心保护着。我们说不清这棵公主柳究竟是哪一位公主栽下的，且将它作为两位公主在整整一百年中，共同哺育汉藏民族团结的见证和纪念吧。

悠悠千年故乡情

重走唐蕃古道 接文成公主回娘家

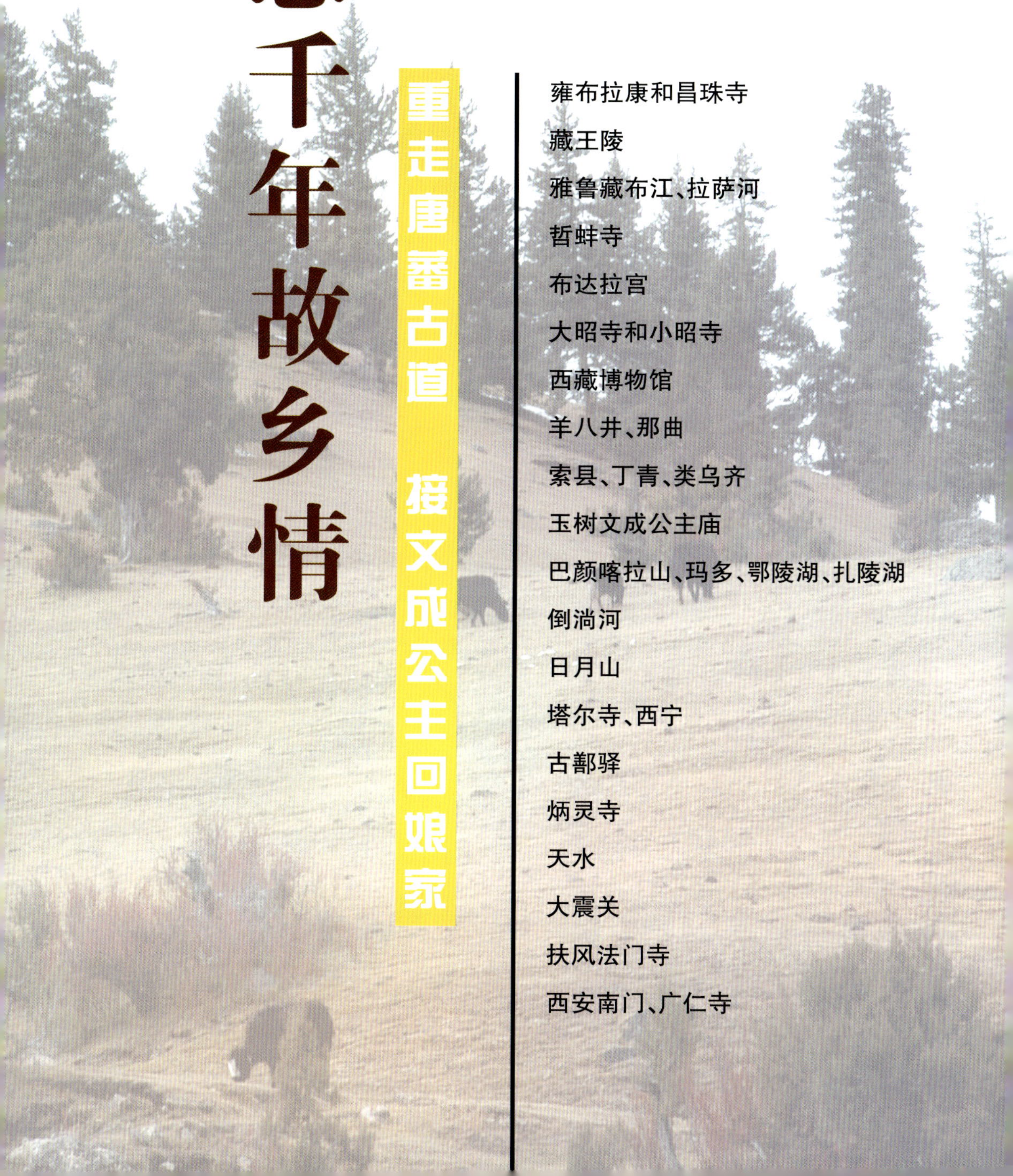

雍布拉康和昌珠寺

藏王陵

雅鲁藏布江、拉萨河

哲蚌寺

布达拉宫

大昭寺和小昭寺

西藏博物馆

羊八井、那曲

索县、丁青、类乌齐

玉树文成公主庙

巴颜喀拉山、玛多、鄂陵湖、扎陵湖

倒淌河

日月山

塔尔寺、西宁

古鄯驿

炳灵寺

天水

大震关

扶风法门寺

西安南门、广仁寺

雍布拉康和昌珠寺

10月上旬，总数87名迎请团成员分别乘飞机、火车或汽车往拉萨汇合，驻地拉起欢迎的横幅。迎请车队的佛车，已先期运送在西安用齐先生购回的国外产贵重紫檀木精心雕造的佛像和公主像去了拉萨，制作衣冠和准备开光。其余9辆汽车是10月8日从西安出发的，取道兰州、西宁、格尔木，沿109和214国道入藏。这条

迎请团在拉萨受到欢迎

通过昆仑山口和唐古拉山口的公路比较好走，但并非公主入藏走的唐蕃古道。所以我们对唐蕃古道的考察，从雍布拉康开始，经拉萨走古道返西安。本章节实录载佛像和公主像的佛车等一行8辆车返西安的历程。

雍布拉康是西藏的第一座宫殿，据传说，第一代藏王就以此为王宫，到第三十三代藏王松赞干布继位时还是在这里，他统一藏区并建了拉萨城后才离开。当年文成公主入藏时没在还未有大规模建设的拉萨驻足，直接到了松赞干布的王宫，就是这雍布拉康，所以我们把雍布拉康视为文成公主走的唐蕃古道的终点。我们的访古寻踪，就从这里正式开始。

雍布拉康今在雅鲁藏布江南的乃东县，距拉萨百余公里。10月13日早上7点，我们五位迎接团成员出发，东南行，先经过该县的泽当镇，相距雍布拉康和藏王陵已不远。

地处雅砻河谷地的泽当镇位于雅砻河入雅鲁藏布江的河口处，有新石器时代的遗址；有西藏最早的一个村庄，叫撒拉村；在泽当镇北3公里，还有西藏的第一块青稞地。当地被视为是西藏文明的发源地，在藏区的早期文明中处于重要位置，这与泽当十分宜人的地理环境有关。

从泽当镇南行经过乃东县城不过十几公里，就到了雍布拉康，远远可以望见这座规模不大的城堡式宫殿耸立在峻拔的山巅，直插云端，高不过一百来米，但山势险峻，人须仰望。

入藏车队摄于唐古拉山口

雍布拉康

泽当镇

传说这座宫殿始建于公元前2世纪,是从第一代藏王起,历代藏王都以此为宫殿。文成公主到西藏的头几年也居住在这里。后来松赞干布和文成公主移住布达拉宫后,这里成为冬宫。

雍布拉康一带的雅砻河谷,农业历史悠久,田地平坦,阡陌纵横,有点像关中的良田。我们从雍布拉康山上看到山下是一片方正平坦农田的景象,便判断这里应是带着种子、农具入藏的公主最早的农业示范田。在陕西电视台的录像时刚说了这些话,下来就有当地人告知,山下是有一片用树木围起来叫"御田"的地。既然松赞干布是住雍布拉康的最后一位藏王,文成公主又在那里住过几年,这"御田"和他俩有关,就在情理之中了。

我们离开雍布拉康踏上返程时,越野车行进在雅砻河谷的原野上,这里现在还是重要的农区——乃东县是西藏商品粮基地县之一。巧的是在车右边忽然看到熟悉的"二牛抬杠"的景象,让我兴奋不已。"二牛抬杠"是在陕北汉代画像石上常见的图像,1981年我在考察丝绸之路时,在甘肃农村专门进村详细了解过拉着14斤重的大犁的二牛抬杠操作情况,后来感慨地说了一句:"二牛抬杠,抬了两千年还在抬。"台湾《大地》地理杂志曾把我这句话特别标出,发出同样的感慨。没想到这二牛抬杠的犁在西藏一直用至今日。在1300多年前的西藏,这肯定还是效率比较高的农具。公主当时带进西藏的农具,首先应该是这和曲辕犁,从此在西藏将锄耕农业提升到犁耕农业。

71

汉代画像石二牛抬杠

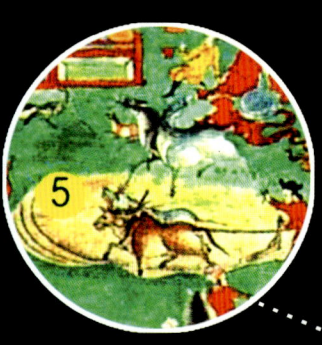

二牛抬杠局部放大

松赞干布传唐卡内二牛抬杠

昌珠寺

昌珠寺也在乃东县，从雍布拉康顺公路北上，也就是十公里的样子，是西藏最早的十二镇肢寺之首座，与拉萨大昭寺、山南桑耶寺并称西藏三座天成不变寺庙，1961年列为国家重点文物保护单位。

昌珠寺地处藏南，是松赞干布和文成公主当年的冬宫。墙上有彩色浮雕佛教画。寺里和布达拉宫一样，也保存着一个石炉灶，传说文成公主曾经用过，当地人认为用手摸摸，都能给自己带来福气，这个炉灶被摸得油光锃亮。灶上的铜盆里，满是人们放的布施钱。寺里二楼中央成就者殿供着文成公主和其他侍女绣的释迦牟尼刺绣唐卡等珍贵文物。唐卡上部左右分绣太阳月亮，这日月同显象征佛教兴盛。右上角红色的太阳里绣有三足乌，左上角白色圆月中绣有玉兔，明显是汉地传说故事的移植。底层后殿右面第一佛殿叫下府库，有公主的塑像，正面主供的松赞干布居中，两边

昌珠寺浮雕

昌珠寺绣像

昌珠寺供像

是两位公主,前面站立数人,有吞弥桑布扎等。离文成公主最近的一位是禄东赞,他的塑像不很多见,在这里我们终于得以一见这位杰出藏族政治家、外交家的尊容。这些塑像是文革后按原样重新建造的。

在西藏的寺院里,往往可以像在昌珠寺一样,发现有文成公主的塑像,仅我们见到的就有五处之多。因此在西藏处处可以感知文成公主的存在。她在藏族人心目中是一个了不起的女性,藏民把许多功绩都记在了文成公主身上,对她的赞美之词无以复加。包括如上所说,在西藏的农业发展史上,她有引进汉地先进农具、种子和生产技术的重大贡献。

昌珠寺后院

但当时在昌珠寺进庙门后,看到前院一片破败的景象,不禁为这处已列为全国文物保护单位的有公主遗迹的昌珠寺深感难过。在这所寺里我们见不到斗拱等汉地建筑的影子,它的T字形梁柱,结构图案都显示简朴的古藏风,应是年代很久远的建筑遗存了。既已确定为国家级文物保护单位,亟需保护性修复。后院二层楼的主殿维护尚好,有一些与公主有关的文物展出,给了我们一些安慰,也是对公主的一点宽慰。

昌珠寺前院

三

藏王陵

藏王墓

在乃东县参观过文成公主曾经住过的昌珠寺和雍布拉康后，我们到达琼结县城旁的藏王墓群。从昌珠寺过去，不过二十多公里。当年老藏王们生活和埋葬的地方相距不远。

藏王墓是始自六世纪吐蕃王朝第二十九代赞普赤年松赞以下（一说始自朗日松赞）至末代藏王朗达玛（或维松永旦）的历代藏王墓地，犹如汉唐陵所在的渭北，明陵所在的十三陵。松赞干布和文成公主的合葬墓也在这里。对面还有一个更大的墓家，好像是赤松德赞的陵墓，和松赞干布墓一样，没有汉式陵墓前的石人石马和长长的司马道，显得相对俭朴些。

临近藏王墓地时，先过一座白色大理石修的藏王桥，还比较精制，一位带着孩子的藏妇在桥畔晒谷物。藏族孩子都喜欢别人给他照相，照完了给他看一看就都高兴得不得了。数码相机在当地还是稀罕物，能马上见到像片，他们是很惊奇的。西藏的进步比内地还是要慢一拍，是个要关心的问题。关键的措施，还是在先抓教育吧。教育的投入长期不足，反映国民的整体素质差，更是反过来影响国民素质的大事。

藏王桥

藏族孩子

我们过桥后不远,在路旁有个"藏王墓"碑处下车,碑石文字记这是一处全国文物保护单位,总面积有305万平方米。藏王墓都是人工堆起的一个个土冢,记载有二十一座,能确定墓主的是十六个,据藏王墓的简介所说,是为:朗日松赞、松赞干布、贡日贡赞、芒松芒赞、堆松芒赞、赤德祖丹、赤祖德赞、赤松德赞、赤德松赞、赤都松芒、布杰、木尼赞普、朗达玛、赤热巴金、牟德赞普、维松永旦。

松赞干布的巨大陵墓就在碑旁。其高数十米,直径约百米,像一座小山。《国王遗教》称:"松赞干布墓内九格,中央置赞普尸体,涂以金,墓内装满财宝。"墓上卵石砌成带护墙的石阶道,直通墓顶。上有一庙,庙内供奉着松赞干布和文成公主、墀尊公主二妃的塑像,有专门的僧人守护。680年文成公主去世时,吐蕃为她举行的葬礼,唐室派专使来吊唁。史书上未见有关于公主葬地的明确记载,虽然当时唐蕃关系紧张,但是既然葬礼有唐使参加,吐蕃方面一定有过得去的交代,公主应该依礼入葬王陵。况且公主对西藏的进步作出巨大贡献,在藏民心目中有崇高威望,没有理由不以最高礼仪安葬公主,所以现在的西藏人也都认为公主与松赞干布合葬在此,年年岁岁将他俩一起虔诚供奉着。

藏王庙

纪功碑

松赞干布墓是藏王墓群中墓顶上唯一有庙的陵墓,十三世纪建的庙里,一直将两位公主的塑像和松赞干布供在一起,接受藏族同胞的膜拜。迄今他们去世1300多年后仍能享受如此尊荣,说明历史是公正的。

从陵下眺望,可以看到墓冢高处有一处塌落了不小的一块,露出里面类似预制板式的顶,如果这是建墓时结构的遗存,要赶快修补,以免发生盗墓之类的破坏,也保持陵墓外观的完整。

在陵墓区离松赞干布墓数公里处,还有一处红墙建筑内保护着一高达六米许的纪功碑,碑顶盖下的雕刻,让我们看到了熟悉的飞天——香音神的身影。

石刻飞天

雅鲁藏布江、拉萨河

源出西藏阿里的雅鲁藏布江，流经拉萨南，流入印度后称布拉马普特拉河，最后汇合印度的恒河，流入孟加拉湾，是一条国际水道。河流得名据称是因为雅鲁是吐蕃先祖，藏布即赞普音的转写，也就是按最早的藏族首领名号命名。从琼结返拉萨，北上越过雅鲁藏布江，又一条源出念青唐古拉山的拉萨河迤逦南来，在拉萨南流入雅鲁藏布江。松赞干布和文成公主傍河而建新都拉萨，正是看中了这条大河的美丽。水被称为城市之母，水资源丰饶的雅鲁藏布江支流拉萨河缓缓流去，给拉萨带来永不枯竭的生命力。我们沿318国道返拉萨途中，被清澈湛蓝的河水深深吸引，纷纷下车在河边拍照，流连忘返。那是我们在国内能够见到的最美丽的江河了。面对让我们深深着迷的大自然，不禁又深深忧虑，现代文明的浸润，尤其是在铁路开通之后，外来旅游经商开矿建厂的人大量涌入后，西藏的环境，雅鲁藏布江拉萨河的流水，还能不能保持它的纯净？一路上，偶尔看到一套新机械设备矗立在山清水秀的土地上，我们全车的人都会发出不悦的呼喊，都担心这片有"最后的净土"美名的高原，会被污染而褪色。所以在这本书封面上我特意写了一句"雪域高原净土的最后留念"，是预言这次活动以后西藏将出现我们最不愿看到的前景，算是未雨绸缪，警世危言吧，但愿只是杞人忧天。

拉萨河

拉萨河

拉萨河

三

哲蚌寺

哲蚌寺

迎请团到拉萨后，抓紧短暂停留的时间，在拉萨参观了一些藏传佛教的名寺。有的去了赤松德赞建的号称为西藏第一寺的桑耶寺，该寺与昌珠寺、大昭寺并称为西藏三座天成不变寺庙。多数人慕名就近去了拉萨三大寺之一的哲蚌寺，西藏佛教界最负盛名的大师之一洛桑·丹增在寺里接见了迎请团。

哲蚌寺在拉萨西，就山势而建。进入寺庙的道路一路上行，弯弯曲曲，两边的房子只见高高的石墙，形成窄窄的通道又深又长，到处是一夫守关，万夫莫开的形势，整个寺庙简直是一座坚固的堡垒。当初规划时无疑是有安全的考虑。很难想像，在冷兵器时代，进攻者如何能拿下这个地方。

哲蚌寺

从哲蚌寺眺望拉萨

布达拉宫

　　10月14日上午，全体迎接团成员前往传说是松赞干布为迎娶文成公主而修建的布达拉宫参观。这座已有1300多年历史的伟大宫殿，已经被列入世界文化遗产名录。巍峨的布达拉宫无愧是至善至美的雪域高原的象征。

　　最令大家感兴趣的是，在这样一个海内外著名的雪域高原上的建筑里，会有和陕西西安相关的内容，最重要的是在布达拉宫的法王洞里有文成公主的塑像。该洞传说是藏族先王居住过的地方，松赞干布也曾在这里居住和修炼。文成公主初来时，拉萨还没有规划建设，当时也住在这儿。后来他们新建布达拉宫时，就把这法王洞保留在宫内最高处，洞里塑着松赞干布和两位王妃的像，十分珍贵，是藏民膜拜的对象。还有一个和昌珠寺类似的石灶，表示他们在这里生活过。

　　布达拉宫的宫门内大厅有文成公主入藏故事壁画，反映文成公主进藏一路遇到的艰难险阻，以及抵达拉萨时受到热烈欢迎的场面。

布达拉宫 内景

布达拉宫法王洞文成公主用过的炉灶

布达拉宫

布宫选建在拉萨市中心一座海拔3700米突兀的石山上,山形是一条形象逼真的巨龙,宫的位置是高昂的龙头。因为宫前大道截断了龙身,所以建了白塔弥补。这设计思想,尤其是做龙的文章,又让我们想起文成公主,这也该是她传去的中华民族是龙的子孙观念的影响吧。

大昭寺和小昭寺

有一种说法:"不到布达拉宫等于没有到西藏,不到大昭寺等于没有到拉萨。"大昭寺是我们这次活动的重点,所请佛像和公主像的原型,都出自大昭寺。公主像和松赞干布像在这里受供奉,迎请活动,也将是从这里启程踏上返途。

供奉在大昭寺内的公主像和松赞干布像

在大昭寺开光的复制等身像

10月9日,在西安精心复制的文成公主和释迦牟尼十二岁等身像,穿戴好在拉萨用许多宝石精制的法衣法冠,一同被安放在大昭寺主殿,分别与寺内的文成公主和释迦牟尼等身像的原像面对面安放。当天举行了装藏仪式,给塑像体内装藏了经文、金银八宝等物,其中有西藏政协副主席、全国佛教协会副会长单增赤列活佛等重要人士为两尊塑像赠送的珍贵文物。大昭寺赠送的释迦牟尼原像曾穿过的法衣,披到了复制的释迦牟尼塑像上,要安放一周,再在寺内大雄宝殿举行隆重的开光大典。

10月12日,迎接团全体鱼贯进入大昭寺参观,大昭寺管委会副主任尼玛次仁知识非常渊博,他亲自为大家详细讲解大昭寺和释迦牟尼十二岁等身像的历史,讲解文成公主的故事。

大昭寺管委会副主任尼玛次仁

尼玛次仁说,大昭寺的藏语为"觉康",意即释迦牟尼佛寺。它建成于647年,即公主到达西藏未久之时,是拉萨最早的建筑之一,至今已有1350年历史。在藏传佛教寺院中,大昭寺的建筑规模并不大,但因为有释迦牟尼十二岁等身像,有松赞干布和文成公主的影响,它的地位和影响独占鳌头,目前在藏传佛教信徒中具有无比神圣的地位。

大昭寺坐东面西,建筑大体沿纵向中轴线分布,由门楼、佛殿、回廊、天井、庭院、僧舍等组成,建筑面积达2.51万平方米,四周有名的八角街,是热闹的商业区。这个市场的特点是人们都从左边进入,逆时针方向走一圈,与叩长头者的走向一致,不能逆行。这倒像是走车的单行道。人流很大,走起来还比较顺畅。

八角街

大昭寺藏式斗拱

大昭寺佛殿屋檐装饰

大昭寺佛殿一二层是受唐风影响的藏式建筑，地砖、木桩、门楣、木雕多为7世纪的原物，斗拱做得很地道，很漂亮。所以当初文成公主帮助墀尊公主建大昭寺时，不仅在堪舆选位上出力，在结构设计上也有影响。象鼻龙和雪域狮子的装饰，也是藏汉交辉的建筑艺术。

佛殿一层正面是主殿及配殿。主殿位居大殿一层深处正中，供奉着文成公主从长安请来的佛祖释迦牟尼十二岁寿量身鎏金铜像。那些千里迢迢到拉萨朝圣进香者，主要目的就是为了朝拜这尊佛陀造像，以求祈福禳灾。佛教界人士认为，这尊等身像是佛祖生前亲自开了光的，见到这尊佛像和见到佛祖本人是一样的，参拜所具功德和加持力，与亲见释迦牟尼佛是一样的。这尊等身像是和法门寺佛骨相当的佛教最神圣的法物。

释迦牟尼十二岁等身像是大昭寺的主尊，置于主殿中，因而大昭寺成为无数僧人

叩长头者

诵经

和信众叩长头来朝拜的圣殿。庙里所有洞室全都对游人开放,唯独大殿正面中间佛殿因为供着这座极珍贵的等身像,平时都加锁。寺庙专门为迎请团打开铁锁,破例让迎接团成员一一入内参拜。

大家都说在这儿许愿是最灵的,于是我也在佛前放下100元,默念愿我女儿身体健康,一生快乐。后来又补了一句全家都健康。其实我虽对佛祖充满敬意,并不是信教的。可这样随缘的活动,参加了心里还是很愉快的。记得还有一次上供,是在韩国的佛国寺,也是入了世界文化遗产名录的保护单位。看到那尊佛堂里的华美佛像,我也在布施本上签了,像别人一样,一万元韩币。心里想的是给这遗产的维护尽点心。陪同我参观的韩国教授似乎很感动,上前去和管理人员说了一通,介绍我是中国的教授如何如何。管理人员马上打开铁锁,礼貌地请我入内参观,还不限制拍照。走进去转着看,真是很值得的,非常精致的国宝、世宝。那时还有一点作为一个中国人受到尊重而自豪的非常舒服的感觉。

在大昭寺里,和我们一起从西安去的广仁寺喇嘛乌日根、查干两位法师,还不厌其烦地接过居士们手里的念珠,放置在佛像心上,一面念着经文,这也是一种开光的仪式。入内参拜以后的居士们个个兴奋不已,这是他们人生中会永远纪念的日子。

尼玛次仁还特别结合藏佛洞讲述了佛祖十二岁等身像来到大昭寺的故事。尼玛次仁并对照千年壁画,讲解了文成公主走了三年的入藏路。迎接团成员韩星海代表大家,向尼玛次仁馈赠了陕西产的精品"子午绿茶",以西安人民的名义,感谢大昭寺对这次迎请"文成公主"活动的全力支持。他并在现场激动地吟诗:"藏传佛教历史久,文成公主成绿度母;千年风雨尘埃定,美丽化身受人敬。"

10月15日,由西安市广仁寺主办的"梦系长安古城 重走唐蕃古道——迎请文成公主回娘家"活动的高潮,是为迎请的佛像和公主像

开光诵经

开光,仪式在大昭寺隆重举行。

迎接团成员走进大昭寺后,首先手捧洁白的哈达,排队敬献给佛像和"文成公主"。大昭寺管委会副主任拉巴法师代表大昭寺给迎接团全体成员赠送哈达,为大家祝福,并祝这次活动圆满成功。西藏著名活佛阿钦仁波切和西藏总经师、拉萨哲蚌寺辩经大师旦曾仁波切活佛带领近百名僧人诵经,为这次活动祈福,并为将接回西安的文成公主和释迦牟尼塑像开光。旦曾仁波切说:"当年文成公主从长安来到西藏,为藏区人民带来了幸福,但愿这次你们接回文成公主塑像,能给陕西人民带来福分。"

迎接仪式从上午9点开始,一直持续到下午5点。仪式上诵经活动持续了8个多小时。活动中,出现许多陌生的面孔,他们都说自己是陕西人,要参加迎接仪式。其中有位清瘦的中年妇女,操着陕西口音,不厌其烦地给"迎亲团"成员讲解大昭寺的情况。记者好奇地询问她,她兴奋地回答,她是富平人,叫崔春会,她于2001年从富平来到拉萨,起初给人洗衣服。后来发现大昭寺里有陕西乡党文成公主的塑像,还有文成公主带来的释迦牟尼佛像,感觉十分亲切和自豪,便向寺里僧人了解大昭寺的有关详情。由于当时大昭寺缺导游,她从2003年开始在大昭寺做临时导游。她总是把文成公主和释迦牟尼塑像作为重点内容介绍。有人问她为什么非要在大昭寺做导游。她不假思索地回答,因为这里有"文成公主",她是陕西人。如今一天不来大昭寺,她就心里不舒服。一周前,有人无意中告诉她,陕西要来人接"文成公主"回陕西老家,她听了异常高兴,每天都打听陕西来人情况,今天终于见到这么多陕西乡党,十分高兴,义务给陕西乡党讲解。崔春会说,她正在考全国导游证,争取明年考上,到时接待全国各地的人来大昭寺参观。她想以后老了就住在拉萨,陪伴"文成公主"。

小昭寺

小昭寺相传是公主建的,位于大昭寺北1公里许。庙门朝东开,是和大昭寺的一个明显区别。寺庙是斗拱式的建筑。在寺顶上西望,正可见布达拉宫的东侧面。如今庙里供奉的是佛祖八岁等身像,其缘由前面已经说明了。

从小昭寺看布达拉宫

三 西藏博物馆

罗布林卡

在布达拉宫以西数公里有夏宫罗布林卡，旁边的西藏博物馆，藏式的建筑相当漂亮，有内容丰富的历史文化展示。我们最感兴趣的是有关松赞干布和文成公主的文物，比如松赞干布的王冠，他的遗训，文成公主带去的琴等。展览还说明公主时代，在农业、医药、天文、堪舆等方面，西藏在和内地交流中的进步。

西藏博物馆

三

悠悠千年故乡情

王冠

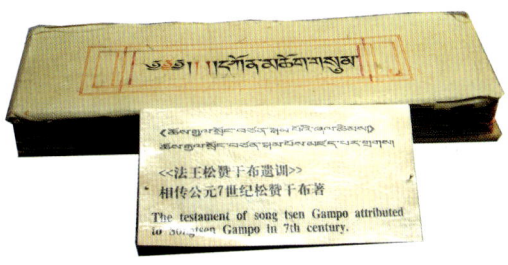

法王松赞干布遗训
（相传是在大昭寺柱内发现，藏西藏博物馆）

91

琴

重走唐蕃古道 接文成公主回娘家

药王山浮雕佛像

我们抓紧有限的停留时间,还看了药王山浮雕,看了色拉寺和扎基寺。色拉寺里浓密的树荫下,年轻的喇嘛们在辩经,两人一组,一方提问,一方解答,猜拳式的举手划脚,气氛极为热烈。天气渐变冷,为避免在归途中被困于大雪封山,也为了佛像、公主像和护送团人员的安全,在大昭寺开光仪式结束后,大队人马一分为二,筛选体质好的,能担任驾驶、护送、联络、摄像、报道的人员,组成29人的精干队伍,一共8辆车的车队护送佛车,走当年文成公主入藏时走的唐蕃古道回西安。其

色拉寺前的老僧

寺内建筑

扎基寺

余大部分人，自行乘飞机或坐火车回，到西安法门寺再汇合。单是这一件人员分流的事，就十分困难，来的多是热情很高的居士，谁也不愿失去护送公主佛车的机会，最后还是得服从大局的安排。连日会都开到后半夜，护送团领导们的说服工作也真是不容易。

我们俩被列为全团的重点保护对象。齐先生作为赞助人和第一号的热心人不用说要随车走，我是年龄最大的，要协助录像，一路讲解，还有为这次活动写一本书的计划，要看，要想，要拍照，也得随车。虽然家人都不放心我跑西藏，但我知道这可能是自己进藏最后的机会，而且一年前答应帮齐先生做这件事，"君子一言，驷马难追"，于是老伴只是默默帮我买氧立得、角鲨烯和坐在车上帮睡觉的充气脖套。一到西藏，仁钦上师见我带的红景天是胶囊的（9月走丝路南道时省外办刘建惠部长给我的），便亲自去药房给我买了液体的红景天，说效果更好，可以增强在高原缺氧条件下的适应能力。最后这些基本上都没有用到，整个一路自我感觉良好，即使在海拔5000米左右的高山垭口，精神也比别人好，实在是得益于一直坚持天天打网球和自觉保持每一天好心情。

10月16日，文成公主正式启程，沿唐蕃古道返回。一大早，"迎亲团"来到大昭寺主殿，众人动手把文成公主和释迦牟尼像请上佛车。一路上当地群众用藏族人特有的形式向"文成公主"告别,有的献哈达,有的叩头,有的送上布施。好容易走出大昭寺,佛车被藏族群众紧紧围住。他们面对"公主",双手合一,嘴中不住祷告。车厢里很快铺满钱币和哈达。有藏族同胞猛一听说要"接文成公主回娘家",焦急地问:"你们接走了,我们怎么办?"当得知接走的是根据大昭寺里的塑像重雕的复制品时,高兴地说:"好,这样我们两地都能纪念文成公主。"当汽车启动时,他们有的用手紧紧拉着车上的栏杆,有的跟着车祷告。汽车已经走得离大昭寺很远了,当地群众还面朝汽车双手合十祝福。

车队到布达拉宫前,热情的藏族同胞又重复了这一幕。记者采访到拉萨市民尼玛,她告诉记者,她非常敬仰文成公主,经常到大昭寺朝拜文成公主。听说陕西人16日接文成公主塑像回陕西,特来送行。在藏族同胞的祝福声中,车队簇拥着载着佛祖和公主像的佛车缓缓离开拉萨。

羊八井、那曲

16日过午以后迎请团车队出发,沿拉萨西行,再溯堆龙曲而上,首先到了羊八井镇。羊八井有著名的地热资源,冒出地面的温泉水热气腾腾,在唐代史籍中记载为温汤或热泉,文成公主当年是从那曲过来,经过这里去拉萨和雍布拉康的。羊八井北当雄县还有高原湖泊纳木错,"错"在藏语里就是湖的意思。纳木错在藏人心目中是圣湖,来这湖边朝拜的人群络绎不绝。我们要赶路,在羊八井和当雄没有停留,匆匆翻过念青唐古拉山直奔那曲,天黑时赶到。16日半天的行程是317公里。

往拉萨叩长头的藏民

那曲是怒江上游。那曲的"曲"字在藏语里是河流的意思,与唐时汉语里当小街小巷讲的曲的意思不同。现在那曲还是一个交通要道上的县城,走唐古拉山口、查吾拉山口,和东去经索县、丁青、类乌齐,北上去青海玉树,或继续东去西康,都从这里走。

那曲县平均海拔4500米,比海拔3650米的拉萨高了许多。早些天车队过来的时候,团长怕初到西藏的人在高海拔的那曲过夜身体会不适应,要求当天尽量赶到拉萨住。返程时没法躲过去,只好住那曲。住宿的条件好像还是上个世纪五六十年代的招待所,马上让人感到,西藏的发展比内地还是慢一拍。当然迎请团的成员对此有充分的心理准备,物质上也准备了睡袋,旅馆住不进去时,露宿也不在话下;方便面也带了好多箱,还带着煤气灶;还有志愿的随队医生,应变能力很强。怀着强烈的宗教感情和历史责任感,食宿条件如何,全不在话下。

再往前是从西藏那曲到青海玉树唐蕃古道最难的

路段。这一段唐蕃古道原路是经聂荣县,翻过唐古拉山的查午拉山口,然后过青海的杂多到玉树。由于这一段路不通汽车,1984年的唐蕃古道考察队是抽少数人骑马走过去的,20年来这条路没怎么修过,走不了汽车。"文成公主"迎亲团只好从那曲东行走一段康藏公路,在类乌齐北拐翻越唐古拉山到玉树。虽然我们走的这条路,据现在的研究,不是公主入藏时走过的路,但是它途经藏北的几个县城,又通西康,所以无疑也是唐蕃古道的重要组成部分。

索县、丁青、类乌齐

17日要从那曲赶到索县,虽然还是317国道,只有227公里的路,但全是土石路,车速上不去,为保佛车的安全,每小时只能走30公里,慢的时候只有10公里的速度。所以定好早上7点起床,8点出发。然而早上起床发现夜间下了雪,依维柯车和运载文成公主和释迦牟尼像的卡车(佛车)因受冻而无法发动,大家又是提热水浇,又是推,经过1个多小时的折腾,才终于使汽车全部启动出发。途中,到当天下午3点时,突然下起豌豆大的冰雹,十分钟后变为大雪,视线只有百米,周围是白茫茫一片,鹅毛大雪很快将公路淹没,车辆之间一旦拉开距离,不但看不到前面的车,而且前面车辆留下的车辙也被大雪掩盖,会完全失去方向。为了避免打滑,大家冒着寒冷的风雪下车给3辆伊维柯车装防滑链,由于气温低,迎亲团成员手也冻僵了。一辆过路的西藏吉普车上两个司机见是迎接"文成公主"塑像的车队,看到4号车防滑链还没有装上,主动上前动手帮忙。后来见6号车防滑链松了,又停下车帮忙勒紧。佛车困在前面海拔4850米的岗拉山口半坡,借助马力强劲的3号越野车力量,才摆脱了困境。当最后一辆6号伊维柯赶到此坡下时,前面一个过路货车又困在坡上,挡了道形成塞车。我们在前面久候不见6号车跟上,手机又没有信号,到索县时天黑下来,大家坐卧不安,不知出了什么事,只好求援县政府。索县县委、政府得知"接文成公主回娘家"活动后,高度重视,县委副书记赤列旦曾、副县长扎西达瓦在县城迎接"文成公主"迎亲团,得知6号车落在后边,便派县政府的车去寻找,并做好了派警力营救的准备。幸好县政府车辆在距县城10公里处碰到6号车。晚上10点,车终于抵达索县县城。两位县领导一直等到6号车人员吃上饭才离开。

10月18日早上,索县县委副书记周秀玲和政府办公室主任罗文广又来为"迎亲团"送行,罗文广还赶出发前一点时间,带我们到县城边上的增登寺采访。寺庙建在一座小山上,造型与布达拉宫也有几分相像,所以号称小布达拉宫,寺里办着佛学院,在藏传佛教里,是一个很有地位的寺庙。我们到时还没有开门时间,只能拍些外景照片。

悠悠千年故乡情

重走唐蕃古道　接文成公主回娘家

18日这一天我们过巴青到丁青，行程280公里。仍是在雪地中行，从怒江进到澜沧江地区。在中午停下来吃泡面的镇上，看到了汉式夯筑房子正在施工，见到行车途中难得一见的藏民。一个十分俊秀的年轻人，大方地应我邀请，站到我们的车前拍了照。他那么秀气，头发又长长的，到底是男的还是女的，大家竟还争论了一通。有的断言他是康巴人。见到当地的女子，似乎还清秀不

康巴美男子

索县增登寺

雪地行车

路边学生

藏妇和孩子

骑马藏族青年

老人

过他。让我们非常赞扬的是,车队遇到学生时,他们总会立定在路旁敬礼,非常有礼貌。老师教他们见了车不乱跑,站住敬礼,就安全了,是个一举两得的好办法。路上并不见有接孩子上学的家长,看来社会秩序还比内地好。得知这一带比较偏僻的地方,人们外出可以不锁门。呵,差不多还是"夜户不闭"的状态,真让我仿佛被忽悠到公主生前的贞观之治下走了一遭。

路上不时可见水色青青的支流和山色烂漫的群峰,时而在峡谷中行,两边忽然会闪出

藏族女子

藏北风光

"牙签"树

一条更小的峡谷,幽深静谧。人口稀少的藏北,未被开发的大自然是那样秀美,大大出乎我们的意外。装点大好美景的红色是什么东西,显然不会是枫叶,引起我的兴趣。走近一看,原来是一种漂亮的灌木,长长的白刺,简直就是天生的牙签,我就叫它牙签树了。

在这醉人的美景中,确有人在画中游的感觉。不被掠夺、破坏、污染的大自然,本来都是这样美的吧。我想起一个"狼怎样教育它的孩子"的故事,据说就是一句话:"别学得像人那样坏——破坏环境"。大家拿出了所有的相机,耳边是不断的咔嚓咔嚓按快门的声音。越野e族的驾驶员们已在商量什么时候再组织更多人来一次,从容地细细玩一遍。我默想的是公主来过没有?她在西藏四十年,一定会有藏族同胞向她介绍这藏北的美丽风光,她也应该有机会到这离她不很远的地方来巡视,来畅游。倘若来了,如画的美景足慰平生,安抚她那颗游子思乡的心。

10月19日我们从丁青到类乌齐北上,越过唐古拉山,走出西藏,进入青海。下午4点多,在唐古拉山中,有一小段路施工单位正给公路抢铺沥青,车辆被挡在两边,要等到天黑施工结束才放行。当得知我们是"接文成公主回娘家"的车队,人生地不熟,天黑行车有安全问题,负责施工的伊先生下令停下施工,移开设备,在旁边让出一条道,使迎亲团顺利通过。起初在等候时,我们有两辆越野车试着从施工区旁一条很陡的便道上冒险开了过去,依维柯和佛车显然是没办法跟进的,只好静候交涉。有另外两辆小车急着赶路,也冒险下了陡坡,结果开不上来歪在那里,性急反而找了麻烦。

途中景（藏北风光）

藏北风光

藏族

这一天车队还算顺利,先走约 300 公里过扎曲旁的囊谦,又 200 公里有余到了玉树。这两天的途中不好安排我们这么多人的饭,打前站的王、刘两位局长,她们沿途找小饭店或大一点的藏民家,烧好开水,等大家到后泡方便面。铁炉子里塞上好些木柴,看着火挺旺,就是半天不开锅。开了锅的水温也不高,方便面要泡好一会才熟。这才亲身体验了气压低对生活的影响。因为空气稀薄含氧量低,打火机打不着火,烟民们沮丧之余,研究开哪种打火机好,可以在高原上用。不过再好对出口也没用,人家就没有这样高的高原。

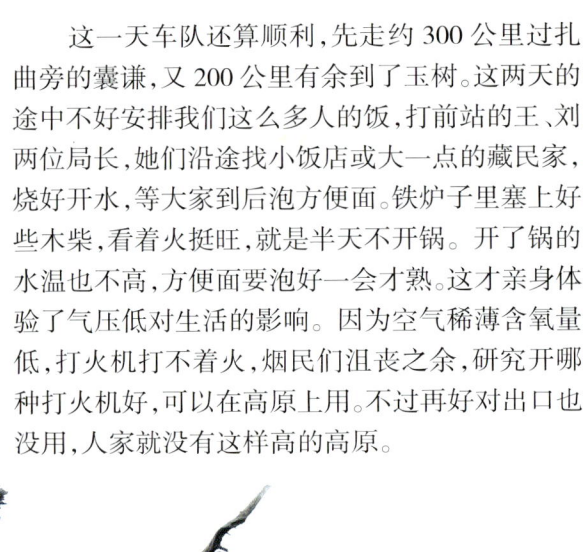

藏北风光

三

玉树文成公主庙

囊谦街上卖肉摊

10月20日一早起来，我在囊谦街上走走看看，新鲜的牛羊肉，非常令人垂涎。

上午从囊谦出发，经从拉萨过来总共1400公里的跋山涉水，中午车队抵达文成公主入藏时曾经小憩过的地方玉树，"接文成公主回娘家"的车队，回到公主所走的唐蕃古道上。中午，"迎请团"抵达玉树县巴塘乡，跨过巴塘曲进入贝沟，前往文成公主庙。

公主庙坐落在贝纳沟（又称柏沟）口内不远的地方。庙宇坐北朝南，背靠壁立的山崖，峡谷蜿蜒，傍临清流。由于贝纳沟环境幽雅清静，风景绮丽多姿，气候温和宜人，松赞干布和公主当年选择住在这里，又安全，又舒适，当地群众把这里视为玉树高原上难得的"洞天福地"。

顺着两山夹峙的小溪进沟，一排白色的高僧灵塔之后，就见一片典型藏红色的院落，描金龙柱的大门，象征着主人尊贵的皇家身份。寺庙里面是一个白粉刷墙、卵石铺地的小院。

文成公主庙的僧人在我们到达后才知道迎请的盛事,马上从县里找回住持,共同举行了祭奠仪式。将公主像从佛车上请下来,大家焚香列队,手捧哈达,送进庙里,供在佛像前,一一礼拜。老天好像也为我们把公主带回来的诚意感动,当公主像在仪式结束离开,到庙门时,大晴天居然飘下洁白的雪花,天上并不见阴云却飘雪,让所有人都惊喜激动。在此期间,"迎亲团"成员听文成公主庙僧人讲述文成公主的故事,并参观了有关文成公主的文物景点。大家抚摸着庙后崖壁上刻下的公主手写的《波罗蜜多心经》,遥想公主当年初嫁了时的情景,无不有一种历史的感动。有的居士手捧哈达,额头枕在崖壁上,长时间一动不动,不知默默祷告什么。

车队离开时,我想的是历史上还有哪位女子被命名建庙,千年之后仍被香火供奉吗?除了女娲、妈祖这些神仙,想不起来中国还有哪位历史上的女子像文成公主,这样被人尊崇。

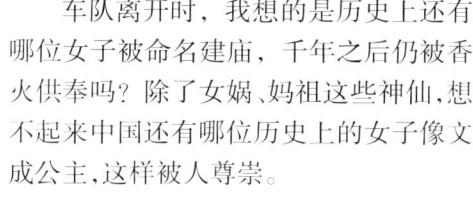

三

巴颜喀拉山、玛多、鄂陵湖、扎陵湖

玉树嘉那玛尼堆

10月21日，车队先去看了大玛尼堆才上路。昨晚临黑时我们就打车去看过这创了世界吉尼斯记录的奇迹。玛尼石上多数刻的是六字真言，信众们献上一块玛尼石为供奉，是一份功德，堆起来成为喇嘛教标志性的"敖包"。这处嘉那玛尼石堆位于玉树州府所在地结古镇新寨村，积石多达20多亿块。当地人告诉，要不是1958年的破坏，拿玛尼石去修水库，这石堆还要大得多。我们问了一下，买一块用专门的石料镌刻填色的稍好一点的玛尼石，要50元。

在绕行观看时，一个叩长头的十几岁女孩引起我俩注意。她一丝不苟的动作堪称优美，每一次都用头点地，所以额头和鼻子粘的都是土石粉，见我们看她，一点也不回避，大方地冲我们笑了笑。她礼佛的真诚真是很动人。等她这圈叩完站起来后，我们和她谈了一会，得知她是为她生病的爸爸来祈福的，能为爸爸做这事，她满

围绕新寨玛尼石堆叩长头的女孩

心欢喜。已经是寒冬了,看她赤着的脚——她是为省鞋,叩长头是很费鞋的,见很多人穿的都是车胎底并包住前面的特制鞋。——见这般内地见不到的孝女,我们把她可爱的形象深深印入脑海。当时我为相机没电而没拍下她的连续动作而遗憾。

大昭寺前叩长头僧人的鞋

幸运的是大队按我们建议第二天清早再去大玛尼堆时,齐先生竟又找到了她。这时的她已梳洗整齐,像老熟人一样和我们攀谈。得知她更大的理想是叩长头去大昭寺,那差不多是她一生最大的宏愿了。不过她现在没钱,要攒了钱才能办。她是那么淳朴,那么执着,我们是不能有一句劝告,只能在心里默默祝福她。我跑到车上去拿了一包内蒙的馍片给她,那一定是她没吃过的。

我们离开晨曦下的大玛尼堆,过通天河,翻越巴颜喀拉山,行车330公里到玛多。

玉树玛尼石堆白塔

三

巴颜喀拉山最高峰在5249米,公路穿越的山口海拔4824米。漫山的雪,一片洁白的净土世界,大家又禁不住下车,顶风冒雪拍照。齐先生还吆喝我到巴颜喀拉山碑亭合影留念,就是本书书舌上的那张。拍完照听到叫开车了,急忙跨栏杆出亭子时,被拽幡的绳子绊倒。身子往下倒雪往脸上扑来时,我不慌不忙侧过头一低,做了一个肩背着地的翻滚动作,在雪地上打一个滚顺势就站起来了,眼镜片上轻轻粘了些雪,可身上任何地方没有磕碰着。"没事没事",一边回答旁边人关心的问询,一边赶过去上车。回想五十年前在北京101中学上高中时,每天踢足球,我司职守大门,是扑球摔打出来的。去年秋学院师生赛足球时,我说我来把门,他们将信将疑。一上场就扑住了个点球,那第一次扑下去,在场上的年轻教师马上说我是专业的——这当然太夸张,不过我还真是有等级运动员证书的——他们是业余的。比赛时后卫一点都挡不住对方的快速进攻队员,都是冲到球门前五六米处射门,我又扑救了三次,好歹又扑住一个应算是必进的球。去年上场我是64岁,40多年没踢球又这样试了试,自我感觉在0.15秒内做出反应的速度没变化。现在65岁,在海拔近5000米的高度,再做一个滚翻自救动作。完成以后下来,着实又得意了一把,感觉真是好极了。只可惜摄影师没在身旁拍下来做一个创吉尼斯记录的材料。我一向主张,男孩子都要踢踢足球,锻炼灵活勇敢和团队精神,终生受益。

玛多县是世界上"水平最高的县",海拔4600米;又被称作"千湖之县",共有4007座湖泊;这里还有"黄河源头第一县"之名。藏族人称黄河上游为玛曲。"玛"是地名,"曲"的藏语意思为河。"多"是源头,"玛多"是玛曲源头的简称。一位记者分析:玛多县海拔比西安高了近4000米,最低点比陕西省境内秦岭最高点太白山还高了约300米,最高点位于黄河与长江的分水岭巴颜喀拉山主峰,海拔5249米。其沸水温度不到80℃,大气中含氧量仅为海平面的59%。在这里喘两口气,相当平原喘一口气。初到玛多,躺在床上都像是扛了一袋面,空人慢步行走也像是在长跑,若走快一点,与拼百米赛无异,心跳得要蹦出来,吃饭都累得喘息。这一切都是因海拔太高,气压过低。

其实我的感觉,动作放慢一点就好了,只要心脏血压正常,就没什么问题。倒是有一个事到处求证,没有得到确切结论。就是汉族妇女能不能在青藏高原生孩子的事。很久以前就听说,援藏的女同志,生孩子都要回内地,在当地生的话,孩子活不了。这使我想到是不是可以用这一点来解释文成公主没有孩子,和传说她在路上生了的孩子也没有下落的原因。但是一路上多次打听,得知现在孕妇并不是都回内地生孩子,解释是因为医疗条件好了。但对孩子的发育有没有影响,我还是说不清。世世

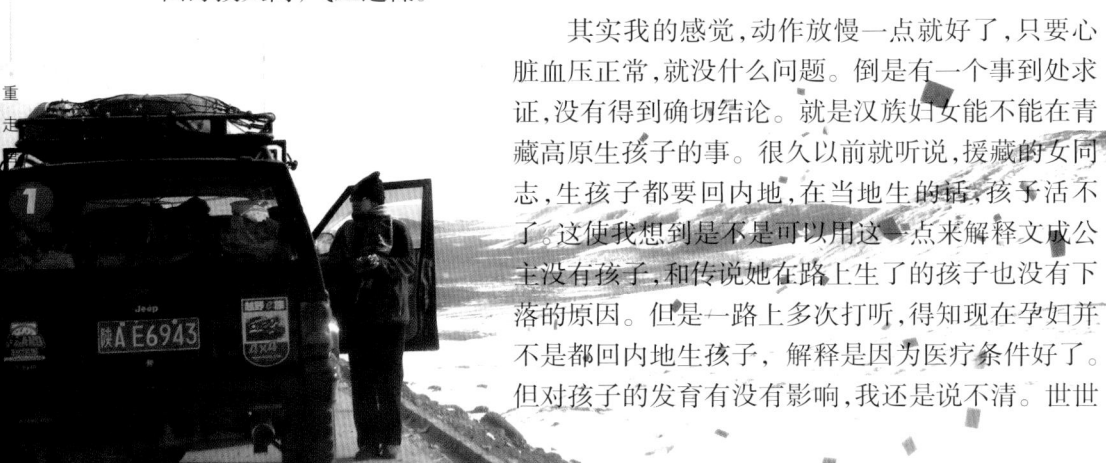

代代的生活环境造成的体质,对变化的环境的适应能力究竟如何,还要研究。似乎生活在藏区的第二代便适应了,但是会不会引起心肺的病变,恐怕需要长期的观察。

迎请团在玛多还是出了三件意外的事故,都是21日中午的事。

21日那天我们在县上吃的中午饭,玛多的八一餐馆有鱼,是生在高原湖泊中的,前几年有几斤重的大鱼,现在只有不到一斤的,说这么大的鱼,也是长了七八年了。高原不仅水冷,而且水清,纯净的雪水里没有浮游生物,鱼没啥吃的,又冷,自然长不快,渔场开了几年也就关了。以后去的游客多了,别把鱼种都吃了,再移鱼苗来,恐怕冻得都活不了。餐馆外三三五五聚了不少衣着鲜艳的藏族男女,他们每天都穿的这么讲究。美丽的丝绸,无疑是公主带来并传播了蚕桑织丝的技艺,流传下来,至今是藏民最喜爱的藏袍的主要衣料。我们都拍了些照留念。

玛多藏民

车祸

饭后便驱车前往黄河源头的扎陵湖、鄂陵湖,即唐代的柏海,松赞干布从西藏过来迎亲的地方。这时我似乎有一点不安的预感,一路上过来我从来不过问车子和活动安排,这天却张罗从当地请了一个向导。出发以后,看不见陕报主任记者杨小兵坐的8号车,又让对讲机不断联系8号车,通上话以后,请他们等候向导到了再一起走,不要自己在前面跑。听到他们已经停下来在路边等,我才安心了些。不料过了仅仅一分钟,就传来出事的消息。原来是刚通完话,8号车见到我们车上来,又跑开了,一启动就是80公里的速度,被路上一个小土包一硌就往右翻了,车打了两个滚。坐在副驾驶座上的杨小兵撞破前窗玻璃蹿了出去。后排坐的两位倒是只有小伤。杨小兵头撞破了,后来缝了8针。嘴里流血,肋骨断了两根。幸亏越野e族的人很有经验,紧急时不忘招呼平着抬伤员进车,因为平稳地抬,才能避免断骨刺伤心肺的事故。迅速抬上车后马上送县医院急救。几分钟就到医院,作了紧急处理,让送500公里以外的西宁救治,因为他们连X光片都拍不了。叫救护车司机居然也花了一个多小时——解释是财力有限,只配备了一个司机,休假了。为长时间找不到救护车司机,我们的局长都急了。终于杨小兵能够连夜送到西宁,并听到发回的消息,人无大碍。当然是受不少罪,要调养好一阵子。

后来知道,X光机器是有的,大型医疗设备在过道里放了许多台,可都没有拆包装,因为没有会用的医生。这几年内地的医学院毕业生找工作越来越难,这里没医生,动员一下,配合待遇和服务年限的安排,应该不难有两全其美的双赢办法吧?这些事都解决不好,让人很纳闷。

又一件意外是在所住招待所门口,齐先生被藏獒咬了。招待所门口拴着白天会咬人的狗,是谁也想不到的。随队医生带齐先生去找县医院没有的狂犬疫苗,因为是星期六放假,我怕不好找,就去县政府想办法。不想大楼上下没有一个人,后来请正在招待所安排客人的计委主任帮助找来县委办公室宁瑚峰主任,他带我到防疫站站长家找到人,再叫来拿库房钥匙和收钱的人才办了事。当听到站长回答有疫苗时,我长出一口气,紧提着的心放了下来。不然又得要车,连夜送齐先生去西宁,赶在24小时内打上第一针。站长说算我们运气好,以前县里从不备这疫苗,要打的话自己去西宁。大多数人被狗咬了是不打针的。可我是才从报上看到,全国一年被狗咬后得狂犬病的是2500人,得了病就都是没药可救的,所以正对养宠物强化管理。因此在确知县里有药之前,心里着急得很,一路跑下来竟也没有什么高原反应了。我是非常感激宁主任,而齐先生则戏称我是他救命恩人。

第三件事是4号依维柯在距玛多县城70公里处巴颜喀拉山下的野牛沟,因车速快,遇到减速带颠簸强烈,车辆失控,滑行了约20米,幸好被一二十厘米高的路沿挡住,才停下,车一点也动不了了。车上人员被其他车辆带走,陕西电视台记者蔺亮和驾驶员王先生留下看守车辆,等待西宁送配件派人来修理。入夜,四周都是荒无人烟的草原,一群狼从旁边过去,幸好他们有车厢保护,没有受到伤害。

整个下午在忙乱中过去,张团长一个劲地说叨:"魔太大了,魔太大了!"不过还有一句老话:"魔高一尺,道高一丈",在全体团员的共同努力下,事故一一处理,算来只耽搁半天。但大家都会记住10月21日这一天,我没查一查皇历,是不是这天出行不利。

第二天便又开始正常的活动。团里临时决定,只是几辆车况好的越野车进湖,大车不再冒险,都早早径直往西宁方向开,越野车队随后赶过去。

我们再从玛多请向导带路,天柏海,那是唐代的名字,如今叫扎陵湖、鄂陵

鄂陵湖

湖。藏语"扎陵"的意思是蓝色,"鄂陵"的意思为灰色。是我国海拔最高的两个淡水湖。有这样一个传说,当年文成公主来到这唐蕃古道上的重要驿站和渡口玛多时,准备南过黄河。可这千湖之县的玛多到处是水泽,人马无法通过,而牛皮船又易搁浅。本来心情就不痛快的文成公主,面对这种情况,更加思念家乡长安。吐蕃大臣和当地牧民经过商量,想出了一个令人意想不到的办法。他们告诉文成公主,第二天可以平安过河。次日,当文成公主来到黄河边,看到河上架起了一座漂亮的彩

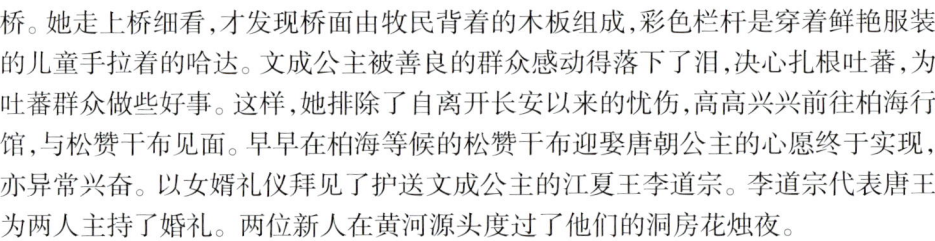

湖畔会亲

桥。她走上桥细看,才发现桥面由牧民背着的木板组成,彩色栏杆是穿着鲜艳服装的儿童手拉着的哈达。文成公主被善良的群众感动得落下了泪,决心扎根吐蕃,为吐蕃群众做些好事。这样,她排除了自离开长安以来的忧伤,高高兴兴前往柏海行馆,与松赞干布见面。早早在柏海等候的松赞干布迎娶唐朝公主的心愿终于实现,亦异常兴奋。以女婿礼仪拜见了护送文成公主的江夏王李道宗。李道宗代表唐王为两人主持了婚礼。两位新人在黄河源头度过了他们的洞房花烛夜。

至今扎陵湖南的周毛松科还有柏海行宫的遗迹,有内外城,有瞭望台。"黄河远上白云间,一片孤城万仞山"的诗句,倒是很适合松赞干布修的行馆城。还有多卡寺,传说是文成公主为感谢这里的人民而建的。

我们终于到了鄂陵湖边,纯净的湖水在我们眼里,也还是一片湛蓝。因为昨天的事故,大家没有了往日的亢奋情绪。乌日根师傅一人坐在湖边长时间默祷。我想

鄂陵湖边

他是在为昨天的伤者和以后的平安祈祷,谁都没有打扰他。

因为事先知道有一条小河阻隔,我们没法到达行馆所在的地方,所以就在鄂陵湖西岸边请下公主像,让她作故地重游,看看她的这个"老地方"。

两天来,在这条路上没见到一个人,我们一停车请出公主,就不知怎么地来了不少藏民。其中有骑摩托的一家三口,见是公主像,停车就作揖叩头。巧的是多卡寺的活佛索保也正好路过,恭敬地献上哈达,久久地端详塑像。活佛说,在当地人心目中,文成公主就是观世音菩萨的化身,她虽然是个汉族人,但在藏区做了许多好事。还说这尊塑像很像文成公主。

有前一天屡屡出事的教训,大家没在湖边多留,也没再进去到牛头碑看看,就回了玛多。县办公室宁主任送给我们玛多县志,答应帮我们找到公主行馆遗址的照片。齐先生深知行馆资料写进书里的重要,跟我商量专门再来一次,我还是寄希望于宁主任。一回到西安事就多了,很难脱身再来一次。

索保活佛拜谒公主像

　　大家对这处于黄河源头的玛多的生态特别关心。不断听到三江源头的利坏消息,使我们心里一直惴惴不安。虽然全县仅有1万多一点人,国土面积竟有2.5万平方公里,平均2.4平方公里才有1个人,然而还是有超过草原承载力的过度放牧,成为生态方面问题最主要的一个原因。

　　黄河源头草场大部分为高寒草原和高寒草甸,生长缓慢,草场承载力低。全县草场平均每亩产鲜草仅120公斤,12.6亩草场才养活1只羊,承载力比澳大利亚草场低十来倍。如果过度放牧,高海拔风大地段土壤容易受侵蚀变成裸露地,造成严重水土流失。一旦草场遭到破坏,很难恢复。一般裸露土壤的自然恢复周期需要

高寒草甸

上百年,甚至上千年。大跃进时,在"以粮为纲,实现玛多粮食自给"极"左"的口号下,开荒种地,一些草原植被遭到严重破坏。现在雪线上升,沙漠化加上严重鼠害,3448.64万亩天然草场,退化面积达2400多万亩。1968年以后牲畜存栏数达到五六十万头的数量,牧民人均纯收入曾位居全国第一。记得五十年代初,蒙古国的畜牧业,达到人均27头牲畜,便号称世界第一,尚不及玛多县一半。但辉煌过的一时,终于成了昙花一现。由于草场退化,水源涵养功能降低,湖泊、沼泽地萎缩,部分河流干涸。前几年的统计,已有2017个湖泊不复存在。1997年,黄河在源头第一桥处出现断流;1998年10月至1999年6月3日,黄河在扎陵湖和鄂陵湖之间发生长达7个月的断流,8公里的裸露河床,欲哭无泪。当地牧民的生活亦受到严重影响,牲畜量逐年下降,前些年仅有牲畜20多万头。还会不时发生如1998年底那样的牲畜食草困难,被迫逐水草四处游牧,在长途跋涉过程中,牲畜大量死亡。

这两年到黄河源头的旅游人突然增多,七八月份来的游客经常会雇不上出租车。这带来了一点收入,规模小小,都只有几十个房间的各种招待所增加了收入,但有人担忧,这样下去,黄河源头原始古朴的风貌会荡然无存,甚至建议最好不要开发修路发展旅游,不然那么多的野生动物就会被吓跑,那么好的自然景色就会被破坏。如果真的因开发而毁了黄河源头的生态环境,那么我们将成为历史的罪人。这真是两难的选择。畜牧业受制约,农业、工业近于空白,再不能发展旅游业,玛多乡亲的生计如何解决呢?

带着这困惑,带着没能进到周毛松科巡礼公主行馆的遗憾,带着对伤员们的担忧,22日当天我们又北上,离开黄河沿边的古驿站码头玛多(马查里),踏上往400公里外的西宁的高原路。

三 倒淌河

22日这天的天气是晴转雪。我们往倒淌河赶路时,傍晚在山上遇到了大雪。我平生第一次领教了什么叫鹅毛大雪,雪片就像鹅毛那样一片片飘落下来。而后如万箭齐发,朝汽车挡风玻璃上飞来,最后大雪密集到似雪团一样往车头砸来。车灯照到见的挡风玻璃窗外是一片雪白,完全没了山、路和沟的区别,前面的车辙印也完全被雪掩盖,车随时可能撞上山崖或滑落山涧,这时需要的只是往前快

车窗外鹅毛大雪

开的勇气,如果等雪在还没完全冷下来的路面上化开再冻成冰,车轮会打滑就不能动了,动辄会出事。驾驶员大概只是凭对两侧路沿的感觉判断路向,在晚上12点把车开到倒淌河镇,与依维柯车队汇合。显然早上分头行动的决定是正确的,大车队早走,逃过了风雪夜行的大难,不然出事故的几率是很高的。始终把安全放在第一位是没错的。

快到倒淌河时,半夜在共和县吃上了一碗羊肉汤面,又热又香,感觉是煮熟了。上一顿饭是清早的粥,十五六个小时没吃东西,人整个心情都在亢奋和

车队

雪中牦牛

倒淌河广场公主像

紧张中,有没有东西吃是无所谓的。这一天,从玛多到倒淌河,行车400公里。

23日清早一起来,到外面走走,一出门就是广场,矗立着公主高大的雕像,一见就是一场惊喜。石雕像造型很美,公主表情丰富,满怀对故土乡亲的留恋,双手合十,向长安父老兄弟告别。从日月山下来,她已经进入牧区,到了大蕃地界,越行越远了。倒淌河是往西流入青海的河,传说流的是公主的眼泪。连和内地东去的河流流向都不一样了,故国山河不在,公主能不伤感淌泪。

倒淌河

三 日月山

日月山文成公主纪念馆

日月山文成公主雕像

唐蕃古道碑

唐蕃分界碑

从倒淌河出发向东北，车行十余公里就到了日月山。这里既是农区和牧区的分界，也是唐蕃的分界。传说当年公主到这里时发生了前面讲过的弃镜的故事，弃镜变成的日月山，如今成为公主的纪念地。山上分别建了日亭和月亭，里面有唐蕃分界碑和公主和亲故事画；山前有公主雕像；下面有文成公主纪念馆和唐蕃古道碑。

日月山

塔尔寺、西宁

10月23日迎请团从日月山继续北上到湟中县南的塔尔寺。该寺为喇嘛教格鲁派六大寺院之一,寺名在藏语中的意思是"十万佛像",始建于明代1560年,定为全国重点文物保护单位。塔尔寺以制作酥油花见长,曾以文成公主和亲为题制作精美的酥油花,年轻的松赞干布和公主的形象给人深刻印象。但酥油花不易长期保存,一年一换,这次前去,未能一见,都很遗憾。幸好我存有26年前的图片资料,读者可以领略一二。

塔尔寺

塔尔寺酥油花文成公主

而后行车不到一个小时就到了青海省会西宁。大家先去医院探望受伤的杨小兵先生。八天来由于道路艰难和事故,耽误了行程,全队再继续循古道走,是无法按原计划的日子抵达西安了。而多数人离开西安时,都是按25日回到西安的日程安排自己的工作,所以到达西宁后,决定分道走:载释迦牟尼雕像的佛车和3辆伊维柯载着大部分人沿高速公路直接返回西安;3辆越野吉普车带着文成公主像和少数人继续走唐蕃古道,又走了五天,走完唐蕃古道全程。途经民和、巴州、古鄯县(古鄯驿)、七里寺(药王寺)、刘家峡(住炳灵寺)、永靖、临夏、和政、广河、临洮、渭源、陇西(住)、武山、天水、清水、张家川、陇县(住)、大震关、陇县、千阳、凤翔、岐山、扶风(住法门寺两天),最终到西安。

古鄯驿

　　青海省民和县古鄯镇七里寺村有一药水泉,传说文成公主曾经用此泉水治疗过皮肤病。当迎请团抵达这里时,受到上百藏汉族群众的夹道欢迎。因群众争先恐后为"文成公主"献哈达,一摊贩的哈达被抢购一空。

古鄯驿泉

炳灵寺

炳灵寺佛像

炳灵寺佛像

10月24日，3辆越野车赶往文成公主曾经住过的甘肃省永靖县炳灵寺。现在去炳灵寺，一般都从永靖县刘家峡水库乘船，我们为了能把文成公主像送到炳灵寺门口，越野车离开大路，从北侧走向一条小路直插炳灵寺。未料此路是坑坑洼洼的土路，狭窄、弯急、陡峭，陡峭得坐在车里身子向前倒，一侧是万丈悬崖，稍不谨慎就遗恨千古。等来到炳灵寺，大家发现自己手里都捏了一把汗。因为天气预报次日要下雨，而炳灵寺没有其他路可走，为了避免把车困在沟里，越野车驾驶员放下有关人员返回原上。此时暮色降临，返回时因坡度太陡，车头上仰，无法看到前面的路，只能凭感觉判断。本来路就窄，途中在一拐弯处与一车辆会车，他们被迫擦着悬岩边错车，当时车身倾斜，全凭他们技术高超，胆大心细，才安全通过。

炳灵寺里除了神情忧郁的大佛为公主担心外，上院也有一尊佛像，相传也是文成公主所造。上院还有文成公主修行及休息之处。这当年处在水陆交通要道上的古老寺庙，公主西去的身影依稀犹存。

农田

天 水

　　25日住陇西，26日到天水。天水是古道上历史悠久的名城。听说迎请团要路过天水，天水建材地质工程勘察院院长马晓君虽然身在外地，但他一定要在天水为迎亲团接风。他说，文成公主祖籍天水，"接文成公主回娘家"是件非常有意义的活动，他要代表天水人支持这项活动。他是把李唐皇室自称是四海大姓陇西李当了真，在天水与公主以老乡相见了。

大震关

　　26日住陇县。27日回到陇县西边陇山下的固关镇，找到一段幽静的古道，应是唐蕃古道的老路，大家兴奋不已，都下车来走走。尤其是穿着褐色僧衣的师傅，出没在浓雾弥漫的路上，增添了一份历史神秘的美感。
　　在大震关新关处，迎接团发现了四五米高的古关城城墙遗迹，从城墙向南过桥，有一块1980年立的"安戎关"石碑。在"安戎关"石碑西10公里处，则是大震关旧址，以前这里有块民国时期立的"沟通秦陇"石碑，如今只剩下底座。当年文成公主就是从这里离开陕西，从此再没有踏过故土。为了庆贺"文成公主"第一次返回故土，也为让鞍马劳顿的公主稍事休息，看看她走过的这条路，大家请出公主，置于石座上，迎接团在这里举行了入陕仪式，庆贺文成公主塑像进入陕西境内。庆贺仪式，用藏族群众的礼仪，为"文成公主"献上哈达。此时，迎接团成员格外兴奋，感慨终于回到家乡了。当天，迎请团抵达扶风。

关陇梯田

路祭

古道

古道

扶风法门寺

佛指骨舍利所在的法门寺是关中第一古刹,建在丝绸之路大道旁。10月28日,当公主车队路过法门寺时,四十多辆大小车辆,载着约300名西安市民专程到法门寺迎接文成公主。法门寺僧人也出来热情迎接。当年文成公主经过时,法门寺为她做了3天法事。28日上午,法门寺近百名僧人和当地群众在寺前广场举行了隆重的迎接仪式。第二天,浩浩荡荡的车队,簇拥着公主走完唐蕃古道的最后一程,终于回到她阔别1365年的古长安。

法门寺迎佛像和公主

西安南门、广仁寺

10月29日星期天,文成公主迎着一场喜雨,走进古城。西安市为迎请团和迎回的佛祖等身像、公主像,在南门举行隆重的欢迎仪式——入城式。地上铺了红地毯,盛装的唐代仕女,打出"欢迎文成公主回娘家"的巨幅标语牌。广场上锣鼓喧天,人们载歌载舞参加欢迎仪式。记者的报道说:"家乡人用自己特有的方式与热情,为远行的女儿抖落万里归来的一路风尘。"

欢迎仪式上,西安市人大副主任张会彬、市政协副主席于小文和仁钦上师、齐茂椿先生先后发表了颂扬公主功德的讲话,西安市领导高度赞扬这次市民自动发起组织的,以宗教和睦、民族团结为宗旨的大型活动。市人大副主任张凡向齐茂椿先生赠送一枚西安市的金钥匙,对他为这次活动作出的贡献和付出的辛劳表示崇高的敬意。

入城仪式结束,霏霏细雨停了,四十多辆车,在开道警车引导下穿过西安城,将佛车护送到广仁寺。

入城式

齐茂椿先生

于小文讲话

仁钦上师讲话

位于西安城内西北城角的广仁寺,是陕西省境内唯一的藏传佛教喇嘛庙,这一点确定了广仁寺是组织迎请活动的最合适的选择。寺里的一石雕佛莲座,传说就是公主带去西藏的佛像原来的底座,后来收进广仁寺,这也是促成广仁寺组织迎请活动的因缘之一。

10月29日这天,广仁寺内外人山人海,拈花焚香手捧哈达的信众列队迎接,为瞻仰佛像,争睹公主芳容,大家秩序井然地迎候多时。佛车到达时,人们兴奋的情绪达到高潮,家乡人1300多年的期盼,今天终于如愿以偿。从此公主安驻寺中,伴在她带去带回的佛像身旁,可以在娘家人的照护下,安享后人的礼拜供奉了。

公主回到古城,在一个个重睹公主芳容的陕西乡党们的笑脸上,迎请活动打上圆满的句号。

西安南门迎文成公主回娘家

广仁寺迎接佛像和公主的民众

后记

在《文成公主入藏记》一书的作者莫尼卡·格赖芬·冯·鲍里斯女士的笔下,处于世界屋脊的西藏,"是古老的知识、久远的生活、具有超强生存能力的自然的源泉。"在她的自序里说:"我自觉在世界屋脊上寻觅到一个值得学习的榜样:文成公主。这一聪慧的女性成功地将矛盾和对峙化解,将两种文化、两种文明的对峙化解,从而赢得了汉、藏两个民族的敬仰,成为了不可亵渎的光的女神。"舒婷女士读到鲍里斯夫人的这本"花了好几年的心血"写成的书,不免叹息:"也许鲍里斯夫人与文成公主前生有缘"。

无独有偶,赞助这次接文成公主回娘家活动的齐茂椿先生,也说自己与文成公主前生有缘,他是公主的侍卫。在三千公里颠簸的道路上,无论风雪迷茫,无论夜深冻寒,他总是端坐在载送公主像的卡车上护卫,有时亲自操纵驾驶,谁也劝不动他坐到暖和舒服得多的越野车上。

受到这两位,一位是担任德中友好协会主席的德国人,一位是入了美国籍的台湾同胞的感动,我随缘。在西藏行后一个月,我们在许多活动参与者的帮助鼓励下,拿出这本书,算是对公主,对同行朋友的一个交代。因为我作为一个在上个世纪50年代就进了北京大学历史系学习隋唐史的中国学者,看鲍里斯夫人的这本书后,是不能只那样"叹息一声"的。我们中国人,有她那么一本419页厚的关于文成公主的书吗?只有一本1964年万绳楠先生写的,收在吴晗先生主编的中国历史小丛书里的《文成公主》,24页,1万来字。这几十年呢,还有关于公主的历史书吗?好像没有。

这本和齐先生合作的书,不敢说是对历史的一个交代,因为我终究不能像鲍里斯夫人那样,有多年的时间,用多次进藏的机会,做得更从容,更充分。我的年龄恐怕已难说服家人和学生同意我再次入藏采风了。做事一贯想做到不自量力的分上的我,这次也得量力而行一回,不说知难而退,也得适可而止了。

颇让我感慨的是,我的师祖陈寅恪先生,晚年写了陈端生、柳如是两位女子,那是出于一种"读书唯剩颂红妆"的无奈;我退休后拿出的第一本书,写的竟也是

133

后记

一位女子,而且是我在多年前申明告别隋唐史后,又以大唐公主为研究对象。这纯属偶然的巧合,好像冥冥之中,陈先生仍指引着我。

书写得不尽如人意,聊以图片搪塞。好在公主像已迎回西安,和同时迎回的释迦牟尼十二岁等身像一起供奉在广仁寺,相信有心人去看到了,会发愿更写一部与文成公主的一生相配的巨著,来了我们未了的心愿。

最后我要向所有参与这次活动和支持这次活动的女士先生们表示谢意和敬意。也许我们在做这件事的时候,还不很明白它的全部意义,随着时间推移,推移到我们一代代老去,而公主伴在佛祖十二岁等身像边,永远带着年轻的微笑注视着人生,让一代代人感动时,我们的辛苦,我们的历险,我们呼唤宗教和睦、民族团结的一片诚意,就得到了回报。——我终究是脱不了凡念的凡人一个,做这件事的时候还想着回报,这和佛祖的教导差得远了去了。

让我难忘的是:仁钦上师和张家齐总指挥组织这次活动的勇气、耐心和智慧;刘洁女士、王小玲女士、王龙先生、袁国杰先生安排食宿交通的辛苦和尽心尽职;乌日根法师、查干法师护持佛祖像、公主像的虔诚用心;媒体记者们的敬业;李枫女士播报车况的专业;越野e族和伊维柯司机艰辛驾驶的快乐;最重要的是所有参与活动的居士们的合作和团队精神。

想着风里雪里寒夜里一刻不空地轮班守护在佛像车上公主像旁的僧人居士们的奉献精神,我们不是又依稀见到鲁迅先生赞扬的作为我们中国人脊梁的那些舍身求法先驱们的身影了?在商品经济大潮冲击下,整个社会的人变得越来越锱铢必较时,这种精神不是更显难能可贵吗?

愿有缘读到这本书的朋友,和我一起向他们致敬。

松赞干布与文成公主

附

从拉萨回程一路护送公主佛车人员的名单：

姓　名	团内职务	备　注
仁钦扎木苏上师	团长	西安广仁寺住持
齐茂椿先生	副团长	本次活动赞助人　美籍华人
张家齐先生	总指挥	西安大龙井休闲会所总经理
刘洁女士	副团长兼总协调	莲湖区旅游局局长
王小玲女士	副团长兼后勤	莲湖区民族宗教事务副局长
王龙先生	副团长兼管人事五号车车长	
袁国杰先生	总指挥兼一号车队长	陕西省文物国际旅行社特种旅游部
张宏石先生	协调组组员	西安大龙休闲会所总经理
杨小兵先生	媒体组组长	陕西日报记者
乌日根法师	成员	西安广仁寺法师
查干阿日斯兰法师	成员	西安广仁寺法师
马仙霞女士	佛事活动负责人	居士
张延光先生	六号车队副队长、司机	
王永峰先生	四号车队副队长、司机	
董金海先生	五号车队副队长、司机	
李枫女士	车队副队长兼路况播报	
钱鸿杰先生	九号车司机	
刘大可先生	三号车司机	
宋建琳先生	八号车司机	
李楠先生	主管财务	西安华相影视
刘璐女士	主管财务	西安华相影视
韩星海先生	成员　主任记者	
金石先生	成员	西安晚报记者
骆志庆先生	成员	西藏电视台记者
李锋利先生	队医	西安市第三医院门诊部主任
白音查干先生	成员	内蒙古赤峰电视台记者
陈烨女士	成员	华商网记者
唐淑惠女士	成员	

蔺亮先生	成员	陕西电视台国际部
黄涛先生	成员	陕西电视台国际部
吕春娥女士	成员	居士
赵方铭先生	成员	学生
邢庆信先生	成员	画家
李琪女士	成员	陕西妙湛文化
杨帆女士	成员	天津大学学生
胡戟教授	历史顾问	西安西市文化传播有限公司

参与此行去了拉萨，因车辆有限，未随护送车队返回的其他人员还有：

巴音仓法师	方文英	王 锋	王菲菲	王 弈	王贯嘉	王 凡	
王振忠	代 钦	白秋芬	司传涛	司空玺	左世海	邢庆仁	
刘志刚	李忠国	李海军	李亚玲	张跃卿	严健华	杜蓝萍	
杨小兵	杨照林	杨 银	余良金	陈星奇	陈晓飞	孟兆祥	
范 超	武 峰	周希蓉	庞学强	姜 艳	耿学鹏	袁培花	
袁 玫	贾占廉	秦 魏	秦 坤	寇 伟	靳 勇	裴 蕾	
霍海华							

最后我想应以全团的名义，向一路上在救援、接待和资料各方面帮助了我们的所有人士，特别是玛多县政府办公室主任宁瑚峰先生、索县政府办公室主任罗文广先生、青海日报社原社长姚德明先生、拉萨的陈杰女士，致以诚挚的感谢。也向支持本书出版的陕西师范大学出版社高经纬先生、刘敏荣先生、侯海英女士，表示感谢。

本书写作中，采用了媒体朋友们报道的资料。照片除我和齐先生收集拍摄的之外，还有白音查干先生、陈烨女士、靳勇先生等提供的。刘敏、孙雷帮助整理资料和图片，温翠芳博士翻译英文摘要，一并致谢。

胡 戟
2006 年 12 月 15 日
于陕西师范大学三过书屋

Abstract

The Xi'an Guangren Temple is the unique Tibetan-Buddhism Temple in Shaanxi, With the support of the Chinese-American believer Qi Maochun and the people from all walks of life, in October, 2006 ,it successfully organized the activity of "memorizing the Chang'an old city in the dream, tracking the ancient road between Tang and Tibet again". In this activity, the duplication of the statue of Princess Wencheng, who married to Tibet 1365 years ago, and the duplication of the statue of the twelve-year-old Buddha,which was taken to the Tibet by Pricess Wencheng,were welcomed back to Xi'an.

The book was the dutiful record of this activity, and introduced the historical conditions of the event that Princess Wencheng as the princess of making marriage alliances of the Tang Dynasty, married to the Tibetan King Songtsan Gampo as detailed as possible, and introduced the positive influence of the uncle-nephew diplomatic status between Tang and the Tibetan Kingdom, which was established by the marriage of Princess Wencheng, for the progress of Tibet, and for the development of the national relations of ancient China. The two authors took part in the activity, the whole trip of which was 7000 kilometers long back and forth; one is the historical consultant invited by this activity, and the other is the patron of this activity.

The book has two prefaces, which were written by Renqinzhamusu, the abbot of the Guangren Temple, and Qi Maochun the believer, respectively, introducing the condition of organizing and operating of this activity and the cause and effect of the patron's promise.

The first part talks about the whole story that Princess Wencheng complied with Emperor Tang Taitsung 's order and married to Tibet, including the father of Princess Wencheng, the offer of marriage from the Tibetan King, the honour guard of sending

Princess Wencheng, the ancient road between Tang and Tibet, seeking the help from the Buddha in the Bingling Temple, throwing away the mirror in the Sun-and-Moon Mountains, parting with tears beside the Daotang River, performing the marriage ceremony near the Bo Sea, spending their honeymoon in Yushu, and entering Tibet from Chawula.

The second part talks about the forty-year life and contributions of Princess Wencheng in Tibet, including the wise Tibetan King Songtsan Gampo, the Nepal Princess Chizun, the Prime Minister Ludongzan, the statue of the twelve-year-old Buddha, the transmission of the Buddhist culture, the building of the Lhasa City, achievements of improving the life of the Tibetan people, the sad life of the latter part of Princess Wencheng, and the latecomer of reassuring Princess Wencheng.

The third part talks about the arduous and wonderful journey of tracking the ancient road between Tang and Tibet again which was experienced by the welcoming committee. The places passed by were: Yumbulagang and the Changzhug Temple, Mausoleum of the Tibetan King, Yarlung Zangbo River, Lhasa River, Drepung Monastery, Jokhang Temple and Small Jokhang Temple, the Potala Palace, Nagqu, Suo County, Dingqing, Leiwuqi, Maduo, Ngoring Lake, Gyaring Lake, Daotang River, the Sun-and-Moon Mountain, the Kumbum Monastery in Xi'ning, old Shan County, Bingling Temple, Tianshui, Dazhen Outpost, Fufeng Famen Temple, the southern gate of Xi'an, and Guangren Temple.

The book with mang precious pictures and video tapes, gives a vivid description of the rich contents of this welcoming activity, which is beneficial for understanding the process of Princess Wencheng entering Tibet, understanding the ancient road between Tang ang and Tibet, understanding the history the present of Tibet.

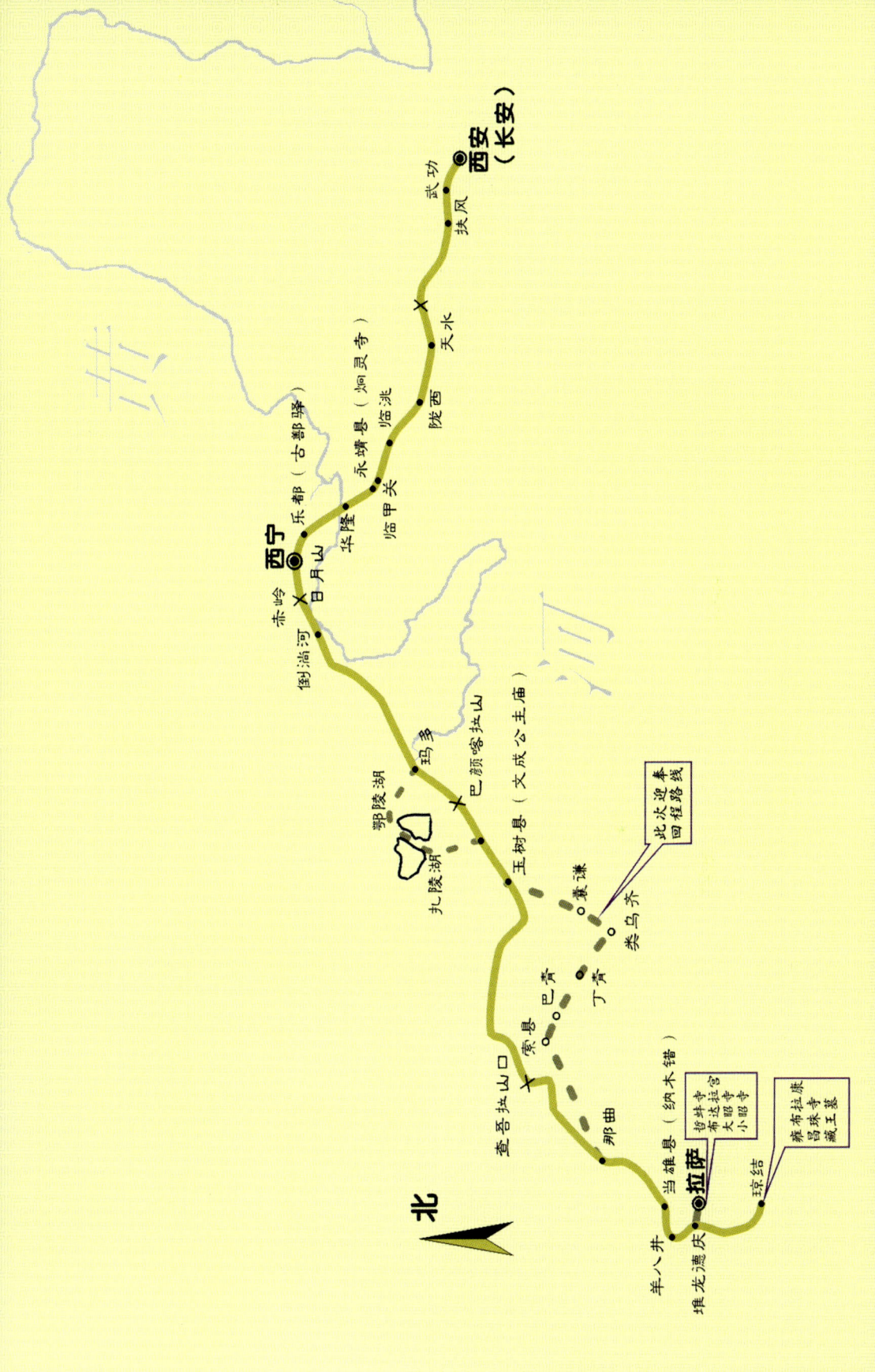

图书在版编目(CIP)数据

重走唐蕃古道:接文成公主回娘家/胡 戟,齐茂椿著.
—西安:陕西师范大学出版社,2007.5
ISBN 978-7-5613-3869-8
I.重… II.①胡… ②齐… III.古道-简介-陕西省-唐代
IV.K924.1 K927.5
中国版本图书馆 CIP 数据核字(2007)第 067686 号
图书代号 SK7N0306

重走唐蕃古道:接文成公主回娘家

胡 戟 齐茂椿/著

责任编辑 / 侯海英 刘敏荣
图文编辑 / 安生平面
出版发行 / 陕西师范大学出版社
社址 / 西安市陕西师大 120 信箱(邮政编码:710062)
网址 / http://www.snuph.com
经销 / 新华书店
印刷 / 陕西思达柯式印刷有限公司
版次 / 2007 年 5 月第 1 版
印次 / 2007 年 5 月第 1 次印刷
开本 / 787 毫米 × 1092 毫米 1 / 16
印张 / 10
字数 / 150 千字
书号 / ISBN 978-7-5613-3869-8
定价 / 48.00 元